Johann Gottlieb Fichte

48 Briefe von Johann Gottlieb Fichte und seinen Verwandten

Johann Gottlieb Fichte

48 Briefe von Johann Gottlieb Fichte und seinen Verwandten

ISBN/EAN: 9783743684843

Hergestellt in Europa, USA, Kanada, Australien, Japan

Cover: Foto ©ninafisch / pixelio.de

Weitere Bücher finden Sie auf **www.hansebooks.com**

Achtundvierzig Briefe

von

Johann Gottlieb Fichte

und

seinen Verwandten.

Herausgegeben

von

Moritz Weinhold.

(Besonderer Abdruck aus den Grenzboten.)

Mit dem Brustbilde und der Handschrift von Fichte's Frau.

Leipzig,
Fr. Wilh. Grunow.
1862.

Herrn

Prof. Dr. Immanuel Hermann Fichte
in Tübingen

dem würdigen Sohne würdiger Eltern.

Vorwort.

Ist seit der Fichte-Feier auch schon mehr als ein Monat verflossen, so ist doch nicht zu befürchten, daß damit auch schon die Theilnahme der Gemüther für diesen großen Mann verschwunden sei. Hat doch die Allgemeinheit, Gehobenheit und Innigkeit der Gedächtnißfeste gezeigt, daß dieser Mann, wie aus dem Schooße des Volkes herausgewachsen, so auch ihm an das Herz gewachsen ist; so daß man vertrauen darf, das deutsche Volk werde ihn so lange in treuem und dankbarem Andenken halten, bis Das, was tüchtig und ewig an ihm war, wiederum auch ganz in Fleisch und Blut des Volkes hineingewachsen ist, damit sein Sinn und Geist Blüthen und Früchte treibe aus dem Marke und Safte des

Volkes zum Segen des Volkes. Es ist die Eigenthümlichkeit wahrhaft großer Männer, daß sie auf der einen Seite Söhne ihrer Zeit sind, auf der andern aber ihrer Zeit vorauseilen und als Vorbilder erscheinen oft noch lange nach ihrem Tode. In dem Sinne hat auch der „Cultus des Genius" sein Recht, wenn er dazu dient, das Eigenartige, Neue, was in einer ausgezeichneten Persönlichkeit zuerst Gestalt gewonnen hat, zum Gemeingute Aller zu machen.

Darum glaube ich, es werde eine nochmalige Hinweisung auf Fichte, wenn schon „nach dem Feste", doch nicht überhaupt zu spät kommen, zumal da dieselbe nicht zu den zahlreichen Reden und Meinungsäußerungen über ihn bloß noch eine hinzufügen, sondern etwas in der That Neues und echt Fichte'sches bringen will, nämlich eine Reihe von Briefen: zweiunddreißig von Fichte selbst, elf von seiner Frau, drei von seinem Bruder Gottlob, einen von seinem Bruder Gotthelf und einen von seiner Mutter. Dieselben beziehen sich, als Briefe von Verwandten an einander, zunächst auf Familienangelegenheiten, so jedoch, daß darin auch Fichte's Lebensschicksale und geistige Bestrebungen in mannigfache Erwähnung kommen, ja daß sogar einige Ergänzungen zu dem davon bereits Bekannten geboten werden. Indeß würde mich dies noch nicht zur Veröffentlichung derselben bewogen haben, wenn ich ihnen nicht noch einen anderen Werth beilegen zu dürfen glaubte. Sie scheinen mir nämlich einen keineswegs verächtlichen Beitrag zu Fichte's Charakterschilderung zu liefern, indem sie manche Züge und Linien enthalten, welche dem großartigen monumentalen Bilde, das wir Alle von seinem Wesen in uns tragen, in seiner Nüancirung das Mienenspiel größerer Portraitähnlichkeit leihen, ohne ihm seine erhabene Idealität zu rauben.

Warum ich aber diese Reliquien nicht schon zu Fichte's Gedächtnißfeier veröffentlicht, darüber bin ich die Erklärung schuldig: sie liegt ganz einfach in den Umständen. Es war kaum zwei Wochen vor dem 19. Mai, als mir, bei Gelegenheit der Erwähnung Fichte's, von einer meiner Schülerinnen mitgetheilt wurde, ihre Mutter, die Enkelin von einem Bruder Johann Gottlieb Fichte's, besitze Briefe von ihm. Ich erbat mir die Mittheilung derselben — es waren zwei Briefe von J. G. Fichte und einer von seiner Gattin (Nr. 7, 36, 38 der vollständigen Reihe) — und veröffentlichte dieselben in einem Aufsatze „Zur Erinnerung an Johann Gottlieb

Fichte" im „Dresdner Journal" 1862 Nr. 108—
111. Darin gab ich als Einleitung eine kurze Hinweisung auf Fichte's philosophisches System, welches in seinem theoretischen Theile eine wesentlich geschichtliche und insofern allerdings auch unvergängliche Bedeutung in Anspruch nehmen dürfe; sodann aber hob ich den noch größeren und dauernderen Werth der praktischen Seite seiner Philosophie hervor, welche recht eigentlich ein Erzeugniß und ein Spiegel seines Charakters ist, wie er auch selbst in seinem eigenen Leben mit seiner, wesentlich ethischen, Lehre durchweg übereinstimmte. „So steht Fichte vor uns da — ein ganzer, ein deutscher, ein großer Mann, ein hohes Vorbild der Energie im Denken und im Handeln auch für unsere Zeit. Nur aus einem solchen Charakter läßt sich auch jener, wenngleich einseitige und darum falsche, dennoch aber großartige und erhabene theoretische Grundgedanke erklären." An die durch die erwähnten Briefe veranlaßten Hindeutungen auf Fichte's häusliche Verhältnisse und die gemüthliche Seite seines Wesens fügte ich endlich einige Notizen über eine Wirksamkeit Fichte's, an die man bei Erwähnung seines Namens gewöhnlich gar nicht denkt, die aber doch zur Vervollständigung seines Charakterbildes der Er-

innerung wohl werth ist: seine Beziehung zur Poesie. Zu dem in Fichte's Biographie ("Fichte's Leben und literarischer Briefwechsel. Von seinem Sohne Immanuel Hermann Fichte." 2. Aufl. Leipzig 1862. 2 Bde.) darüber Gesagten gab ich als einen kleinen Nachtrag einige Citate, besonders aus den Lebensbeschreibungen Adelbert von Chamisso's und Friedrich de la Motte Fouqué's, zum Beweise, wie bedeutenden Einfluß Fichte namentlich auf die Dichter des Nordsternbundes in Berlin gehabt; ich schloß mit den Worten: "Wir sehen, daß Fichte selbst in Kreisen, welche dem eigentlichen Gebiete seiner Thätigkeit ferner standen, hohe Geltung und Anerkennung genoß und sich in jeder Beziehung als ein bedeutender, unvergeßlicher Mann erweist; denn wer den Besten seiner Zeit genug gethan, der hat gelebt für alle Zeiten."

Das Interesse, welches für die Sache rege geworden war, bewirkte weitere Nachforschungen, und das Ergebniß derselben war die Auffindung einer ganzen fast vergessenen Sammlung von Briefen, welche mir bereitwillig zur Veröffentlichung überlassen wurden, die denn, nach Vollendung der nöthigen Vorarbeiten und mit ausdrücklicher Genehmigung des Herrn Professor Dr. Fichte in Tübingen, zunächst in den „Grenzboten" Nr. 29—32 erfolgte, woraus nunmehr die vorliegende Separat=Ausgabe hervorgegangen ist.

Ich habe den Abdruck nach einer diplomatisch genauen Copie der Originale machen lassen, weil ich zu Aenderungen der darin, allerdings nicht immer ganz consequent, beobachteten Orthographie und Interpunction nach unsern Grundsätzen mich nicht berechtigt und es auch nicht für nöthig hielt, die vorkommenden kleinen Unfertigkeiten und Ungenauigkeiten eigenmächtig und, wie's geschehen müßte, bisweilen' auch willkürlich zu verbessern. Es mag Manchen interessiren zu sehen, wie Fichte schrieb, wenn er flüchtig schrieb; unserer Vorstellung von seiner Geistesgröße wird dadurch Nichts entzogen, daß wir sehen, wie auch Fichte, wie wir Alle, in eilig geschriebenen vertraulichen Briefen zuweilen einen falschen Buchstaben machte oder einen Punkt vergaß. Ich erwähne nur noch, daß Fichte z. B. die geschärften Laute „ß" und „ck", die er im Ganzen scheint vermeiden zu wollen, doch bisweilen gebraucht, wie er auch bald „weißst", bald „weist" u. dgl. schreibt. Zu den Briefen von Johanna Maria Fichte bemerke ich, daß darin der letzte Buchstabe des Alphabets nach geschärften wie nach gedehnten

Silben durchweg eine solche Form hat, als ob „t"
und „z" zu einem Buchstaben zusammengezogen seien,
sodaß nur die Wahl blieb, überall „z" oder überall
„tz" zu setzen: ich habe das Erstere gewählt. Außerdem hat in Johanna's Briefen das „s" immer die
französische Form, ebenso die Buchstaben „a, g,
u, v, w", die auch als große Anfangsbuchstaben
sich oft nur wenig von den kleinen unterscheiden;
hierzu vergleiche man die halb französische Unterschrift des 16. Briefes und den gallicistischen Gebrauch der Negation nach dem Comparativ im
12. Briefe. —

Diesem Büchlein füge ich als künstlerische Zugabe bei das Bildniß von Fichte's trefflicher Gattin
in wohlgelungenem Kupferstiche nach einer Zeichnung
auf Pergament, welche sich im Besitze derselben Familie befindet, der die Briefe gehören. Ein zweites
Exemplar davon, mit geringen Abweichungen, besitzt
Herr Professor Fichte in Tübingen, und danach ist
der ziemlich rohe Holzschnitt im „Illustrirten Panorama. Berlin, Brigl. Band III. Lief. 1."
gefertigt. Das daselbst daneben gestellte Bild Fichte's
aus seinen jüngeren Jahren ist nur eine Fiction
des Zeichners; allerdings hat es zu jener Zeichnung
in Sachsen ein Pendant gegeben, jedenfalls aus

Fichte's Jenaer Epoche, aber dieses ist bedauerlicher Weise längst abhanden gekommen und nicht mehr zu erlangen. Leider ist nicht mehr aufzuklären, ob unser Medaillon-Bild eins von den zwei oder drei (die Unterscheidung ist nicht ganz deutlich), sonst unbekannten Portraits ist, welche Fichte in den Briefen an seine Braut erwähnt, eben so wenig ist der Zeichner bekannt. Die Aehnlichkeit aber ist von Herrn Professor Fichte, dem Sohne, ausdrücklich anerkannt, welcher versichert, daß „ihre Gesichtszüge auch in späteren Jahren noch, besonders was den physiognomischen Ausdruck anbetrifft, ganz damit übereinstimmten." Und in der That entspricht dieser Ausdruck auch ganz der Vorstellung, die wir nach ihren Briefen uns machen, welche wirklich, wie Gotthelf Fichte sagt, eine schöne Seele verrathen: aus ihrem Gesichte spricht Zartheit und Innigkeit, ruhig milde Sanftmuth, gepaart mit einem leisen Anfluge von weiblich naivem Humor. Bemerkenswerth ist, wie Johanna's Handschrift, die ursprünglich etwas gerundeter und zierlicher war, einige Jahre nach ihrer Vermählung einen freieren und kräftigeren Zug annimmt; diesen letzteren, als der fertigen Individualität entsprechend, habe ich geglaubt für das Facsimile wählen zu müssen, welches

nach dem 38. Briefe gebildet ist. — Johanna
Fichte war keine Bettina und keine Rahel, aber
sie war eine treue, sinnige, gläubige deutsche Frau,
die auch nahe daran war, in ihrem Wirken als
Pflegerin der Kämpfer für Deutschlands Freiheit
ihr Leben dem Vaterlande zu opfern, während der
Allwaltende ihr darin ihren Gatten zum Stell=
vertreter setzte. —

Der Zweck dieses Schriftchens ist, Fichte zu
zeigen, wie er war, vorzüglich in den Beziehungen
zu seiner Familie: bei der Offenheit seines Herzens
verbindet sich dem reinsten Wohlwollen auch hier
die bei ihm überall durchschlagende Ehrlichkeit und
Entschiedenheit des Willens.

Es ist die Art edler Charaktere, daß sie uns
um so mehr anziehen, je näher wir ihnen treten.
Schon in meiner Studienzeit in Leipzig hatte ich,
veranlaßt durch eine mir übertragene Bearbeitung
der Fichte'schen Philosophie in Herrn Professor
Dr. Weiße's philosophischer Gesellschaft, Fichte's
Geist in seiner Stärke und Größe bewundern
müssen; je mehr ich ihn kennen lernte, desto mehr
lernte ich ihn auch lieben. Ich hoffe, auch Andere
werden diese Erfahrung an sich machen. Eine glück-

liche Fügung verstattet mir, gegenwärtigen kleinen Beitrag zur Verherrlichung seines Andenkens zu liefern und so ihm meinen Dank abzutragen für Das, was er mir geworden durch seine Lehre und sein Leben.

Dresden, Michael 1862.

Julius Moritz Weinhold,
Cand. theol., Lehrer bei dem königlichen Cadettencorps und an der Wieland'schen Töchterschule ꝛc.

Der erste Brief ist aus Schulpforta geschrieben, ein halbes Jahr nach der am 4. Oct. 1774 erfolgten Aufnahme des damals kaum zwölf und ein halbes Jahr alten Knaben. Zu der Schilderung, die wir in seiner Lebensbeschreibung (I, 10—17) von seinem Aufenthalte auf dieser Fürstenschule erhalten, fügt dieser Brief ein Genrebildchen, welches uns bereits in dem jungen Schüler einerseits den ehrlichen, strengen Charakter andeutet, andererseits eine zartfühlende Gewandtheit zeigt, mit der er das Anerbieten seines Vaters von sich weist, ihm eine Sorte seiner Waaren zu liefern, die Gottlieb unter seinen Mitschülern vertreiben sollte. An dem Briefe ist auch eine für das sehr jugendliche Alter des Schreibers auffallend ausgeschriebene Hand zu bemerken.

1.

Herzliebster Vater

Euren Brief habe ich erst heute, als den 1 Aprill erhalten. Ich habe bisher mit Schmerzen gewartet, und fast vor Freuden wurde ich außer mir als ich hörte es sey ein Brief an mich da, denn ich glaubte gewiß daß etwas darinn seyn würde. In etlichen Tagen ist der Examen aus welcher 14 Tage währet, und wo wir verschiedene Sachen ausarbeiten müßen, die nach Dreßden geschickt werden. Wir bekommen auch übermorgen die Censuren, da wir entweder wegen unseres Fleißes gelobt oder wegen unserer Faulheit geſcholten werden. Dieſes wird nun alles nach Dreßden in die Regierung berichtet. Da ich nun gewiß weiß daß ich ein ſehr gutes ja faſt das beſte Lob bekommen werde, ſo koſtet mich doch auch dieſes entſetzlich Geld. Denn es iſt hier die fatale Gewohnheit daß wer eine gute Cenſur bekommt den 6. Oberſten in ſeiner Claße und 5. Oberſten am Tiſche jeden ein ganz Stück Kuchen kauffen muß welches 1 Gr. 3 Pf. koſtet alſo zuſammen 13 Gr. 9 Pf. Ob ich nun gleich dieſes Examen 5 Gr. 6 Pf. verdient habe, ſo bleibt doch noch 8 Gr. 3 Pf. welche mir auch ſchon mein Ober-Geſelle ein ſehr hübſcher Menſch, geborgt hat. Doch was ich übrigens verdiene langt kaum zu den vielen Waßer Krügen welche man hier kaufen muß, denn die Unterſten müſſen Waſſer holen, und mauſen ſich einander die Krüge dazu ganz entſetzlich welches ich aber nicht thun kann, denn es iſt und bleibt geſtohlen. Doch bey allen dieſen kümmerlichen Dingen danke ich doch noch Gott daß ich keine Schulden als die vorhinerzählten 8 Gr. 3 Pf. habe. Daß es Euch mein lieber Vater ſehr ſchwer fallen werde, glaube ich wohl, doch ſollte ich denn nicht noch ſo ein gutes Andenken bei meinen Freunden haben. Mein unſchickliches Verhalten wegen des Briefes an Herrn Boden, glaube ich durch beygelegten Brief gut zu machen. An zwey Perſonen aber kann man auf einmal einen Brief nicht ſchreiben. Doch noch eins, was ſchreibt ihr mir denn von 6. Geſchwiſtern, ich habe gerechnet und gerechnet, bringe ihrer aber nur 5. heraus. Ihr ſchreibt mir von Strumpfbändern, ich weiß aber wohl nicht, ob es gut gethan ſeyn würde, denn leider fragt man hier nicht ſo viel nach dergleichen Sachen als nach Geld, ich würde auch noch dazu entsetzlich ausgehöhnt werden, wollt ihr aber so gut seyn und mir ein paar schicken, so wird es mir sehr angenehm seyn, nicht allein weil ich sie sehr nothwendig brauche, sondern weil es mir auch ein sehr angenehmes Andenken an Euch verschaffen würde. Ich habe weil ich hier bin eine beständige Gesundheit gehabt. Grüßt meine liebe Mutter mein Geschwister und besonders Gottloben und sagt ihn er solle mir doch schreiben. Ich würde ihm auch schreiben, wenn es jetzo im Examen die Zeit litte. Lebet wohl.

P. S. Warum denn aber zur Oster Meße ihr könnt mir eure Brieffe immer auf der Post unfrancirt schicken, denn das bezahl der Hr. Rector

Pforte d. 1 Aprill 1775

Johann Gottlieb Fichte

Wer der im Briefe erwähnte Herr Boden sei, dafür finde ich keinen Anhalt. Der erwähnte Obergesell war der spätere Generalsuperintendent in Riga Karl Gottlob Sonntag, dessen Aufsicht er übergeben wurde, weil er die Behandlung seines ersten Obergesellen nicht länger ertragen mochte (I. 12. 14. f.). Die Zahl der Geschwister, über deren Vermehrung Fichte sich wundert, betrug überhaupt sieben, wie mir mündlich mitgetheilt worden; es waren sechs Brüder und eine Schwester.

2.

Wolfishein d. 13. Mai. 787.

Bester Vater,

Ich hoffe, daß Er meinen Brief vom Ende vorigen Monats, im Einschlage an Herr Burschen schon erhalten hat. Ich habe darinnen von meinen Befinden, und von meinen Umständen alles gesagt, was zu sagen war. Jetzt habe ich einen Auftrag an Ihn, den ich so bald, als möglich zu besorgen bitte.

Ich weiß, daß in Rammenau ein ganzer Busch von Lerchenbäumen ist. Im Gespräch sagte ich das einmal meinem Herrn Principal, und er wünschte dergleichen Saamen zu haben, und hat mir Auftrag gegeben, ihn welchen zu verschaffen. Ich bitte Ihn also hiermit, mir bei dem Jäger (wenn er nicht gerne wollen sollte, so muß er ihn in seinem, und auch in meinen Namen sehr bitten, und ihm sagen, daß mir eine große sehr große Gefälligkeit damit geschähe, und daß ich zu allen möglichen Gegendiensten bereit sey —) Ein Loth Lerchen Saamen zu verschaffen, gegen baare Bezahlung, die ich Ihn vor der Hand auszulegen bitte, die ich aber gleich nach Erhaltung des Saamens überschiken werde: sich aber zugleich bei eben dem Jäger genau und sorgfältig zu erkundigen, wenn? (ob im Frühlinge, oder Herbst) und wie? (ob dichte, oder dünne) der Lerchen Saamen gesäet wird, und besonders was vor Boden, ob leimigten, oder schwarzen schweren, oder sandigten erfordert: und mir so bald als möglich mit der Post den Saamen, nebst dieser Nachricht, genau und deutlich, zu überschiken, und zu melden, was er kostet.

Hierdurch, bester Vater, geschieht mir eine sehr große Gefälligkeit. Suche Er also ja mir sowohl den Saamen, als die dazu gehörigen Nachrichten zu verschaffen. Sollte, wie ich befürchte, der Jäger den Saamen nicht weggeben wollen, oder dürfen; oder sollte Er es sich nicht getrauen, es bei ihm dahin zu bringen, so bitte Er doch den Herrn Pfarrer Wagner, nebst vielen Empfehlungen von mir, die Sache zu übernehmen, der ihn vielleicht eher erhalten wird. Nur bitte ich mir auf jeden Fall baldige Antwort aus. Uebrigens ist meine Lage noch ganz die vorige. Ich wünsche, beste Eltern, daß Sie recht wohl, und glüklich leben, grüße alles mein Geschwister herzlich, und bin mit der kindlichsten Achtung

Ihr
Gehorsamer Sohn
Fichte.

Viel Empfehlungen an den Hr. Pfarrer, Frau Mutter, und Herrn Bruder. Ich bitte auf jeden Fall um baldige Antwort.

Dieser zweite Brief mit der Aufschrift:

Herrn
Herrn Fichte
in
Rammenau.,

ist aus Wolfshein, wo Fichte Hauslehrer gewesen sein muß. Ein „Wolfshain" oder „Wolfshayn", welches wohl hier gemeint ist, liegt 2¾ Stunden östlich von Leipzig; das dortige Rittergut kaufte um die Mitte des vorigen Jahrhunderts Buchdrucker Breitkopf. Außerdem giebt es ein „Wolfshain" in der Niederlausitz, 5 St. östlich von Spremberg. Ueber diese Zeit seines Lebens berichtet sein Sohn nur (I, 27): „Von seinen äußern wechselnden Verhältnissen um diese Zeit wissen wir nur Einzelnes und Abgerissenes." Der in dem Briefe erwähnte Herr Bursche wohnte nach anderen Briefen in Pulsnitz und war Seifensieder; der Pfarrer Wagner war der um Fichte hoch verdiente Pastor zu Rammenau. Hier ist nämlich ein doppelter Irrthum der Biographie zu berichtigen. Dieselbe (I, 7 f.) nennt diesen Mann Diendorf. — Es gab aber in Rammenau nur einen Pfarrer M. Johann Gottfried Dinndorf — so habe ich selbst den Namen in dem Kirchenbuche gelesen — und dieser starb, nachdem er ziemlich 53 Jahre sein Amt verwaltet, am 19. März 1764, also kaum zwei Jahre nach Fichte's Geburt. Auf ihn folgte zunächst M. Karl Christoph Nestler, und auf diesen am 5. August 1770 Adam Gottlob Wagner. Derselbe war, wie mir Herr Pastor Werner in Rammenau mündlich mittheilte, vorher Erzieher auf dem herrschaftlichen Schlosse gewesen und daher mit den Ortsverhältnissen und den Dorfbewohnern wohl bekannt; und so empfahl er später den etwa zehnjährigen Fichte dem Herrn von Miltitz, der gewünscht hatte, eine von Wagners Predigten zu hören. Aber selbst hiervon abgesehen, und ein noch geringeres Alter angenommen — wie der Biograph sagt: „der Knabe mochte bereits acht oder neun Jahre alt geworden sein" —, kann immer nur an Wagner gedacht werden. Auch war derselbe, wie ich selbst von andern Seiten in der Lausitz gehört habe, als Prediger berühmt. — Jene Namensverwechslung kann, wie Herr Pastor Werner vermuthet, vielleicht dadurch entstanden sein, daß Fichte wohl zuweilen seiner Familie von dem alten wackern, zu seiner Zeit noch nicht vergessenen, Dinndorf erzählt haben mag, der während seiner langen Amtsführung gar Vieles erlebt hatte, z. B. den siebenjährigen Krieg, einen Neubau der Kirche u. s. w., und der ein unermüdlich fleißiger Prediger war, denn er soll während seines Lebens beinahe 8000 Mal gepredigt haben. — Der damalige Gutsherr von Rammenau wird in der Biographie (I, 7) Graf von Hoffmannsegg genannt. Genau genommen aber hieß er damals nur Johann Albericus von Hoffmann und war Geheimer Cabinets-Assistenzrath; denn erst 1779 wurde er unter dem Namen Hoffmannsegg (er soll einen mit einer Egge verbundenen Pflug erfunden haben) in den Reichsgrafenstand erhoben. — Uebrigens ist bemerkenswerth, wie in Fichte's Briefen mit der Zeit die Anreden wechseln: im ersten Briefe nennt Fichte seinen Vater „Ihr", in diesem „Er", in allen ferneren aber nach unserer Weise „Sie".

Im Sommer 1788 ging Fichte nach Zürich, wo er anderthalb Jahre Erzieher im Hause eines angesehenen Gasthofbesitzers, Namens Ott, war (I, 32 f. 39). Ende März des Jahres 1790 reiste er von dort wieder ab und traf in der ersten Hälfte des Mai in Leipzig ein, wo er den folgenden Brief an seine Eltern schrieb, welchem auf der Rückseite desselben Blattes einer an seinen Bruder Gotthelf angefügt ist.

3 a.

Leipzig. d. 20. Jun. 90.

Liebste Eltern,

Ich bin seit 6. Wochen, und drüber, in Leipzig. Wenn ich es Ihnen nicht eher meldete, so kam es blos daher, weil ich keine Gelegenheit; und wenn Gelegenheit, keine Zeit hatte.

Ich bin 7. Wochen auf der Reise gewesen: bin sehr gesund und angenehm gereißt: habe viel Schönes gesehen und viel große Männer kennen gelernt. Jetzt habe ich keine bestimmten Aussichten: Hofnungen und Versprechungen genug, aber noch nichts sicher. Sobald sich welche finden werden; sobald ich meinen Aufenthalt verändern werde, werde ich nicht ermangeln, es Ihnen zu melden. Lieber wäre es mir fast, wenn ich etwa ein Jahr in Leipzig bleiben könnte. Könnte ich dies möglich machen, so würde ich die vortheilhaftesten Anträge ausschlagen.

Mein Plan ist noch der ehemalige. Nur will ich nicht mehr zu Kindern; sonst könnte ich längst eine Stelle haben. Ich will reisen, oder an einen Hof. — Sollte dies etwa Jemand nicht begreifen können: so — wundert mich das nicht. Wenn ich es nur begreife.

Ich bin mit höchster Ehre von Zürich abgegangen. Weise ist mehr als je, mein Freund. Der Hr. von Miltitz ist gut auf mich zu sprechen. Ich wechsele Briefe von Zürich bis Coppenhagen — und mit großen Personen.

Ich gehe einen Weg es entweder sehr hoch zu bringen, oder ganz zu verlieren, sagt ein hiesiger Professor, der mein Freund ist. — Er hat recht; aber ich hoffe das erstere; und würde das letztere ertragen.

Den gewöhnlichen Weg schleichen — mich auf eine Dorfpfarre setzen, kann ich einmal nicht, und Gott, der mir diesen Sinn gab, weiß, daß ich es nicht kann.

Ich bitte Sie, mich in Ihrem gütigen Andenken zu behalten, und zu glauben, daß ich unverändert bin

Ihr

gehorsamer Sohn
Gottlieb.

P. S. Es thut mir leid, daß ich diesen Brief nicht frankiren kann. Ich schike ihn durch Einschluß bis Dreßden, gebe ihn also nicht hier auf die Post. — Aber über 1 Gr. 3 Pf. darf er nicht kosten, denn er kömmt von Dreßden.

3 b.

Meinem Bruder Gotthelf.

Lieber Bruder,

Daß ich wieder in meinem Vaterlande bin, wirst du nun wißen. — Ich bin gesund, — gesünder, als ich vielleicht je war; das thut das Reisen — muthig, voll Lust und Hofnung. Aussichten, wie ich sie wünsche, habe ich genug, aber ich erwarte sie mit Geduld, und Ergebung. Was mir am meisten fehlt, sind Freunde. Mit gewöhnlichen Studenten mag ich keinen Umgang haben; meine alten Freunde sind alle weg: ich wünsche also oft Dich zu mir, um so ein Gespräch zu führen, wie wir es im Jahr 88 oft hatten. Mit den wenigsten Menschen komme ich im vertrauten Umgange zu rechte. In Dir hatte mir die Natur einen Freund gegeben, wie ich ihn bedarf. Warum musten so verschiedene Lebensarten, und solche Entfernungen uns trennen?

Ersetze, was dem mündlichen Umgange fehlt, durch Briefe. Schreib mir oft, und so viel Du willst und kannst. Ich werde Deine Briefe gern lesen, und beantworten. — Da Du aber nicht postmäßig schreiben kannst, und da ich wünsche, daß Du mir große Briefe schriebest, so gieb sie den Fuhrleuten. Ich wohne auf der Fleischer Gaße, in Weinholds Hause, 1. Treppe hoch, vorn heraus.

Ich muß mich jezt mit Bücherschreiben ernähren; wenn ich leben will. Das ist mir denn nun keine angenehme Arbeit. Will ich was gutes, nüzliches, schönes schreiben, wie ich wohl möchte, und könnte, so erfordert es viel Zeit, und — der Buchhändler will nichts nüzliches. Schreibe ich, wie der Buchhändler es gern hat, leichte Waare, Mode Zeug, so macht mir das weder Ehre, noch Vergnügen.

Zur Zeit ist noch nichts erschienen, aber auf die Michaelis-Meße wird einiges von mir die Preße verlassen.

Sehen möchte ich Dich, und die übrigen aus dem Hause, die mich lieben, wohl gern einmal. Aber — ich hänge in Ansehung des Reisens von meinem Beutel ab, und der verträgt jezt keine Reise. Auf Michaelis vielleicht komme ich — nicht nach Rammenau; dahin in meinem Leben schwerlich wieder — sondern in eure Nähe, wo mich sehen können, die mich sehen wollen.

Leb recht wohl. Ich bin Dein
Dich herzlich liebender Bruder
Gottlieb.

„Weiße" ist ohne Zweifel der Kreissteuerrath Weiße, sein treuer Beschützer, der ihm auch die Stelle in der Schweiz verschafft hatte. Der Freiherr von Miltitz war der Edelmann, der so väterlich für Fichte's Ausbildung sorgte. Derselbe nahm den Knaben Fichte zuerst mit nach seinem Schlosse Siebeneichen bei Meißen an der Elbe, welches in der Biographie (I, 9) auch ganz richtig beschrieben ist, obwohl daselbst „Oberau" genannt ist, was aber östlich abseits der Elbe liegt. Herr Pastor Carl Gottfried Beer in Niederau schreibt mir darüber: „Auf Park und Schloß zu Oberau paßt die Beschreibung gar nicht. — Oberau und Niederau gehörten früher mit zu dem manchmal so genannten Miltitzer Ländchen, und die letzten Besitzer dieses Namens haben auch in Oberau gewohnt." Sodann wurde Fichte dem Prediger in Niederau anvertraut, bei dem er seine schönsten Jugendjahre verlebte. Der Biograph sagt: „Leider wissen wir den Namen des trefflichen Mannes nicht, wol aber erinnern wir uns, daß Fichte noch in seinen spätern Jahren mit Rührung und herzlichem Danke des frommen Predigerpaars gedachte." Herr Pfarrer Beer, den ich um Auskunft ersuchte, macht mir die dankenswerthe Mittheilung: „Der Pfarrer hieß Gotthold Leberecht Krebel, starb 1795, nachdem er 31 Jahr, von 1764 an, Pastor der Gemeinde zu Niederau gewesen. — In meinem Garten stehen zwei Linden und hinter demselben dicht an der Mauer noch zwei. Von diesen sagte mir mein alter ehrwürdiger Schulmeister, den ich 1823 bei Antritt meines Amts in Niederau fand: Diese Linden hat ein Knabe gepflanzt, der bei dem seligen Krebel in Kost und Lehre gewesen ist; der Knabe hat Fichte geheißen. So erzählte mein alter Hase, der übrigens weiter nichts von Fichte und dessen Schicksalen gehört oder gelesen hatte." Nach „Sachsens Kirchen-Galerie" 1. Band (Dresden, Schmidt 1837), S. 125 — wo übrigens, wie ich nachträglich finde, auch schon Pastor Krebel als derjenige genannt ist, bei dem Fichte einen Theil seiner Knabenjahre verlebte — war dieser Johann Georg Haase, geb. 1764 in Würschnitz bei Radeberg, seit 1787 Lehrer in Niederau: also erst nachdem Fichte längst weg war, wie auch die Perfect-Form der Zeitwörter in seinem angeführten Berichte bestätigt. In Bezug endlich auf den Freiherrn von Miltitz, dessen Name in der Biographie auch nicht genauer bezeichnet ist, bemerkt Herr Pastor Beer: „Im Jahre 1774 hat der P. Krebel aufgezeichnet: Am 5. März verstarb zu Pisa Herr Ernst Haubold von Miltitz ꝛc. und ist zu Livorno christlich beerdigt worden. Ein Vierteljahr darauf starb des gedachten Herrn von M. einzige Tochter im fünften Lebensjahre, und ist auf dem Kirchhofe zu Oberau beerdigt worden. — Der genannte Herr von M. war nur 34½ Jahr alt geworden; zur Pflege seiner Gesundheit nach Italien gegangen, hatte er daselbst einer langwierigen Krankheit unterliegen müssen. Dieser ist wahrscheinlich der Gönner, der sich um Fichte so verdient gemacht hat." — Nach dem Kirchenbuche zu Rammenau war ein Pathe des 1766 in der katholischen Hofkirche zu Dresden getauften Johann Centurius von Hoffmannsegg: „der hochwohlgeborene Herr Ernst Haubold von Miltitz, Erb-, Lehn- und Gerichtsherr zu Oberau, Niederau, Siebeneichen und Bazdorf, Churfürstl. Sächß. Obrist-Lieutenant und Amts-Hauptmann des Meißnischen Creyßes". Dieser kann aber wohl kaum ein und derselbe mit dem obigen sein, sondern vielleicht der gleichnamige Vater desselben. — Wie sehr ihm Freunde fehlten, spricht Fichte auch in einem Briefe nach der Schweiz vom 8. Juni aus (I, 71); in demselben Briefe (I, 74) macht er den Buchhändlern ähnliche Vorwürfe wie hier. Das Werk, was er zum Drucke vorbereitete, war eine Schrift über Kants Kritik der Urtheilskraft, die aber nie gedruckt ward (I, 96 f. 99 f. 105 f. 108 f. 111 ff.), deren Ausarbeitung seinen durch das Studium der Kant'schen Philosophie bewirkten Uebergang von Spinoza'schem Determinismus zur Anerkennung persönlicher Freiheit bezeichnet.

Gotthelf ist sein Liebling unter seinen Brüdern, neben dem nur noch Gottlob öfters erwähnt wird; seiner — nächst seinem stets am höchsten verehrten Vater — gedenkt er auch in dem Tagebuche über seine Reise nach Warschau besonders herzlich (I. 119); ihn macht er schon hier sanft auf einen Fehler aufmerksam; ihn sucht er, wie wir später sehen werden, ganz zu sich heran zu bilden. An ihn ist auch der folgende Brief gerichtet, in welchem er mit größter Offenheit über die — an sich wohl ganz erklärlichen, ja von einem beschränkten Standpunkte aus sogar natürlichen — Erwartungen und Zumuthungen von Seiten seiner Familie (an denen namentlich seine Mutter wesentlichen Antheil hatte; vgl. unten den 12. Brief) seinem Herzen Luft macht, welches hier, erfreulicher Weise nur vorübergehend, einen ziemlich hohen Grad von bitterer Gereiztheit zeigt, da er wie Faust „in seinem dunkeln Drange sich seines rechten Weges wohl bewußt" war. Diesem Bruder hatte er auch, wie der Anfang dieses Briefes anzudeuten scheint, seine Vertheidigung gegen jene Anforderungen aufgetragen, welche freilich nicht gelang.

4.

Leipzig, d. 3. Jenner. 1791.

Erst gestern, mein lieber Bruder, habe ich Deinen Brief erhalten, und heute antworte ich Dir, weil morgen Posttag ist. Schon fing ich an zu glauben, mein lezter Brief sei zu hart gewesen; er reute mich, und ich war im Begrif in einem gelindern Tone mich zu beklagen.

Dank Dir, Bruder, daß Du Deine Aufträge so richtig ausgerichtet hast, daß er mich eben nicht mehr reuen darf. — Doch reut er mich auch noch. Ich habe Worte verlohren.

Ich fragte nicht etwan an, ob man meine Maasregeln billigte? Es scheint, man hat meinen Brief falsch verstanden. Das weiß ich allemal schon vorher, daß nie etwas wird gebilligt werden, was ich thue; und dies ist nun eben auch mein geringster Kummer. Aber wie wäre auch das zu billigen, daß ich schon wieder nicht in meinem Dienste geblieben bin; daß ich wieder keinen Herrn habe? Die Leute haben in ihrer Art ganz Recht. — Ich fragte nur, ob man mir etwan deswegen nicht schriebe, weil man meine Maasregeln nicht billigte? Daß es mich verdroß, daß man that, als ob ich gar nicht mehr in der Welt war, läugne ich nicht. Daß Du selbst, Bruder, so in ganzem Ernste die Nachläſſigkeit im Briefſchreiben auf mich zurük= ſchieben; daß Du das ohne Erröthen niederſchreiben; daß Du Deine Feder dazu leihen konnteſt, wundert mich doch. „Ich würde nicht geschrieben haben, wenn man mich nicht aufgesucht hätte" — Ei! wer ist denn so klug, daß er weiß, was ich gethan haben würde? Ich kann im Gegentheil verſichern, daß ich darum keinen Tag eher, und keinen ſpäter geſchrieben hatte. Ich ſchrieb, ſobald ich konnte (im eigentlichen Sinne des Worts konnte) Hätte ich eher gekonnt, ſo hätte ich es eher gethan: hätte ich auch dann noch nicht gekonnt, ſo hätte es auch dann bleiben müßen. Wer hat denn aber ſeitdem auf 3. bis 4. Briefe aus der Schweiz — auf den, den ich ſogleich nach meiner Ankunft in Leipzig ſchrieb, nicht geantwortet? mir nicht ein= mal einen Empfangsſchein zugeſchikt? Wüſte ich nicht ſicher, daß ſie richtig abgegeben wären, ſo müſte ich feſt glauben, ſie ſeien untergeſchlagen.

Denen es ſo ſehr leid thut, daß ich nicht mehr in der Schweiz bin, will ich den Gefallen auch thun. Ich reiſe Anfangs Aprills wieder in die Schweiz zurük, um nie wieder nach Sachſen zu kommen. — Was will man denn wohl mit dieſem Bedauern? mit dieſem Ver= heimlichen? Du hätteſt mich Dir ſehr verbindlich gemacht, wenn Du mir die Urſachen davon geſchrieben hätteſt. Nimmt man vielleicht die Maske, als ob es einem um meine Wohl=

fahrt sei? O, wer kann denn über meine Wohlfahrt aus seinem engen Gesichtspuncte so dreist urtheilen? Wer weiß denn die Gründe meines Abgehens in der Schweiz? wer weiß denn das, was mich bewogen hat, wieder nach Leipzig zu gehn? wer weiß denn, wie es mir in Leipzig geht? Man muß scharfsinniger sein, als ich bis jetzt gewust habe. — Oder ist es ihnen nur darum zu thun, mich recht weit von sich zu wißen? O! ich mag weit oder nahe sein, so sind sie immer sehr sicher, daß ich mich ihnen nicht nahe. Laß sie glauben, ich bin gar tod; das ist noch weiter als die Schweiz. — Oder ist ihnen nur das zuwider, daß sie nicht mit mir, nach ihrer Art, Staat machen können? Mögen sie doch immer sagen, ich sei irgendwo ein Dorf Pfarrer. Ich werde nicht kommen, und ihnen widersprechen. — Beßer konnte man nicht sagen, daß man sich meiner schäme. Aber laß sie es immer sagen. Ich will mich ihrer nicht schämen.

Daß man mein Glück wünscht, würde mich noch mehr freuen, wenn man mir zugleich, — mir, der ich schon längst mündig bin, der ich wohl etwas von der Welt kennen sollte, der ich wenigstens eben so viel weiß, als sie — erlauben wollte, es nach meiner Art zu suchen.

Dies in Antwort auf Deine Aufträge. Richte es so pünctlich aus, als Du Dich derjenigen an mich erledigt zu haben scheinst. Jezt blos an Dich.

Ich habe in meinem lezten Briefe auf niemand weniger gezielt, als auf Dich. Du bist jung und Dir war eine solche Nachläßigkeit im Briefschreiben eher zu verzeihen. Daß ein Brief an mich entworfen gewesen ist, glaube ich. Aber warum nicht fortgeschickt? Daß ich in Dreßden sei, war ein sehr albernes Gerücht, und es war übereilt ihm zu glauben. Da ich mich nicht scheue, irgend jemand unter die Augen zu gehen, so würde ich von Dreßden aus nicht ermangelt haben, meinen Aufenthalt zu wißen zu thun. Eben so sicher war darauf zu rechnen, daß, wenn ich meinen Aufenthalt auf eine andere Art verändert hätte, ich es eben so richtig würde gemeldet haben, als ich meine Ankunft in Leipzig meldete. Sind also alles dies nicht leere Entschuldigungen, wie ich nicht glauben will, so gründen sich doch alle diese Muthmaaßungen auf eine sehr verkehrte Meinung von meinem Character, und diese freut mich nicht. In Dreßden bin ich vorigen August 2. Tage gewesen. Ich habe nicht geglaubt Ursache zu haben, mich vor irgend jemand zu verstecken.

Daß ich Dich, mein Bruder, noch liebe wie sonst, versichere ich Dich mit eben der Offenheit, mit der ich Dir es frei heraussagen würde, wenn Du bei mir verloren hättest. Ich denke der Tage, da ich in Dir die einzige gute Seele fand, die mich liebte, und mit der ich ein Wort reden konnte, wie ichs reden mochte. Gott erhalte Dein Herz unverdorben! und dann erhalte mir Deine Freundschaft auch in der Entfernung; ob es gleich nicht scheint, daß wir einander in diesem Leben wiedersehen werden.

In Absicht des Briefwechsels werde ich es immer halten, wie jezt. So oft Du mir schreibst, erhältst Du den nächsten Posttag Antwort. Schreibst Du mir nicht, so hast Du freilich auch auf keine Zeile von mir zu rechnen. Worum Du mich fragst, werde ich Dir stets, so viel es sicher, und gut ist, beantworten. Worüber Du mich nicht fragst, darüber sage ich nichts. So hast Du z. B. jezt auf keine Nachricht über meine Lage, Pläne, Aussichten zu rechnen, weil Du mich nicht darum gefragt hast. Verändert sich mein Aufenthalt, so schike ich Dir meine Adresse, wenn Du es verlangst. So wollte ich Dir z. B. wohl rathen, wenn Dir oder irgend jemand in unserer Familie an fortdauernder Verbindung mit mir gelegen ist, mir noch vor Ende des Merzes zu schreiben. Sonst gehe ich aus Sachsen, ohne daß irgend jemand von euch erfährt, wo ich bin.

Mein guter Vater — Du weist es, wie sehr ich ihn immer geliebt habe — dauert mich, daß ich ihm, dessen Leben so leidenvoll war, nicht einst den Rest seiner Tage versüßen, und seinen vortreflichen Umgang genießen soll: Du dauerst mich, daß ich nicht etwas beitragen sollte, Deinen Geist bilden zu helfen und wo möglich, Deine Schiksale etwas zu verbeßern. Aber es ist nicht zu ändern. Du bist jung; Dich seh' ich vielleicht noch hienieden wieder. Meinen geliebten Vater höchst wahrscheinlich nur in beßern Welten, in denen seine Thränen abtroknen und sein Leiden enden wird. Die Augen gehn mir über. Grüße diesen theuern Vater herzlich, und sage ihm, aber allein, wie ich gegen ihn denke: aber er solle mir verzeihen, daß ich nicht anders handeln könne.

Ueber Deine Zunahme freue ich mich; ich sehe zum Theil aus Deinem Briefe, daß sie nicht bloße leere Einbildung ist. Aber, erlaube einem ältern Dich herzlich liebenden Bruder Dir zu sagen, daß wahre Weißheit immer bescheiden ist; und daß jede List das Herz verderbt. Ich habe mein ganzes Moralsystem geändert. Doch davon ein andermal;

wenn Du auf obige Bedingungen den Briefwechßel
fortſezen willſt. — Grüße meine Eltern und Geſchwiſter
herzlich. Ich bin Dein Dich liebender Bruder.

J. G. Fichte.

Meine Adreße iſt bis Ende Merzes Leipzig, auf
der Schloßgaße neben dem Petrino in Brauns
Hauſe 3. Treppen.

Demſelben Bruder gilt der nächſte Brief, welcher beſonders darum
intereſſant iſt, weil er außer verſchiedenen ſchon angeregten Beziehungen
auch Fichte's Studium der Philoſophie und ſeine Herzensverhältniſſe
beſpricht.

Ueber die hier berührte frühere Neigung zu Charlotte Schlieben
(ſo ſcheint der Name geleſen werden zu müſſen) iſt ſonſt Nichts bekannt.
Seine Gönnerin, die „Dame aus Weimar" ſchwieg, nach einem Briefe
vom 1. Auguſt, worin ihr Name auch nicht genannt wird (I, 77),
„ſeit ein paar Monaten" über ihr „Project", ihn „an einen gewiſſen
ſehr guten Hof zu bringen". Wie ſehr aber ſein Gemüth noch immer
durch den Mangel eines beſtimmten, feſten Wirkungskreiſes beunruhigt
in unſtetem Schwanken gehalten wurde zu einer Zeit, wo ſeine Verheirathung bereits beſchloſſen war, wie ſchon im vorigen Briefe ange-
deutet und in dieſem deutlich ausgeſagt iſt, wie er auch am 7. Febr.
und noch am 1. März an ſeine zukünftige Gattin ſchreibt (I, 98 f.),
das beweiſt der Schluß dieſes Schreibens. Sicherlich bedarf es, zumal
bei einem ſo auf ſich ſelbſt geſtellten Charakter, wie ihn Fichte beſaß,
keiner Entſchuldigung, ſondern fordert vielmehr achtungsvolle Anerkennung, daß ſein Mannesſtolz es nicht ertragen mochte, eine andere
Seele an ſein unbeſtimmtes Schickſal zu feſſeln oder in gemächlicher
Ruhe ſich vom Vermögen ſeiner Frau zu nähren. Wohl aber iſt dabei zu beachten, daß nicht jugendlich blinde Leidenſchaft ihn zu der vier
Jahre älteren Braut zog, ſondern die mit näherer Bekanntſchaft ſich
ſteigernde und mit verſtändiger Beſonnenheit verbundene Werthſchätzung
(I, 39 ff.). Die „gewiſſe Begebenheit", die er hier als nächſte Ver-
anlaſſung der erneuerten Kämpfe nennt, dürfte wohl die in dem Briefe

an seine Braut vom 1. März 1791 (I, 99 f.) allerdings etwas dunkel beschriebene Anklage wegen Entlarvung eines Betrügers sein.

5.

Leipzig d. 5. Merz. 1791.

Mein lieber Bruder,

Erst vor zwei Stunden habe ich Deinen Brief erhalten (denn entweder Du datirst Deine Briefe falsch, oder giebst sie erst spät auf die Post). Jezt habe ich die erste freie Stunde, und sogleich seze ich mich her, Dir zu antworten, und wenn die paar Stunden die von jezt bis zum Abgange der Post mein sind, zulangen, so geht noch heute mein Brief ab. Endlich habe ich einen Brief von Dir gelesen, wie ich sie von Dir zu lesen wünsche...... [Lücke] .. Freund. Ich weiß, Bruder, daß Du mich liebst, und ich fühle immer mehr den Vortheil, einen Freund zu haben, den die Natur selbst für uns bildete, und den sie uns so wunderbar ähnlich schuf. Ich werde Dich immer lieben; nichts hat mein Herz gegen Dich erkältet, denn die leztern Vorfälle habe ich nicht auf Rechnung Deines Herzens, sondern auf Rechnung Deiner Jugend, und Deines Mangels an Welt- und Menschen-Kenntnis geschrieben. Und wenn ich solche Fehler nicht verzeihen könnte?

Habt Ihr nicht einen Brief von mir erhalten, der ohngefähr im Februar vorigen Jahres aus Zürich geschrieben war, und worinn ich meinen Entschluß wieder nach Sachsen zu kommen, ankündigte? Ich hoffe nicht, daß Fritsche aus seiner sehr knauserigen Oekonomie auch diesen zurükbehalten hat. Hat er das, so habe ich freilich bisher Unrecht zu haben geschienen; aber es nicht gehabt. Aber da niemand allwißend ist, so bitte ich, aber nur in diesem Falle, um Verzeihung. — Ich werde inzwischen die Sache mit den Briefen untersuchen. Ich verließ Zürich, weil es mir, wie ich mehrmals nach Hause geschrieben habe, in dem Hause, in welchem ich war, nicht ganz gefiel. Ich hatte von Anfange an eine Menge Vorurtheile zu bekämpfen; ich hatte mit starrköpfigten Leuten zu thun. Endlich, da ich durchgedrungen, und sie gewaltiger Weise gezwungen hatte, mich zu verehren, hatte ich meinen Abschied schon angekündigt; welchen zu widerrufen ich zu stolz, und sie zu furchtsam waren, da sie nicht wißen konnten, ob ich ihre Vorschläge anhören würde. Ich hätte sie aber angehört. Uebrigens bin ich mit großer Ehre von ihnen weggegangen: man hat mich dringend empfohlen; und noch jezt stehe ich mit dem Hause im Briefwechsel.

Ich ging mit den weitaussehendsten Aussichten und Plänen von Zürich: nicht um in Sachsen zu bleiben, sondern um in Leipzig den Erfolg meiner großen Pläne abzuwarten. Ich hatte ... [Lücke] .... und war daselbst höher ... [Lücke] ... Auf meiner Reise lernte ich große Personen kennen, die alle mich zu ehren schienen. Bewegungsgründe genug, um mir viel zuzutrauen. Ich war von Zürich aus dringend an den Premier Ministre in Dänemark, Graf von Vernstorf, an den großen Klopstok, u. s. w. empfohlen. Ich erwartete nichts weniger, als eine Minister Stelle in Coppenhagen. — Zu gleicher Zeit schrieb mir eine vornehme Dame aus Weimar: sie arbeite, und habe

Hofnung, mich an einen Hof zu bringen. — Im kurzen scheiterten alle diese Aussichten, und ich war der Verzweiflung nahe. Aus Verdruß warf ich mich in die Kantische Philosophie (vielleicht ist Dir der Name einmal in einem der Bücher, die Du liesest, vorgekommen) die eben so herzerhebend, als kopfbrechend ist. Ich fand darin eine Beschäftigung, die Herz und Kopf füllte; mein ungestümer Ausbeitungs Geist schwieg: das waren die glüklichsten Tage, die ich je verlebt habe. Von einem Tage zum andern verlegen um Brod war ich dennoch damals vielleicht einer der glüklichsten Menschen auf dem weiten Runde der Erden. — Ich fing eine Schrift an, über diese Philosophie, die zwar warscheinlich nicht herauskommen wird, weil ich sie nicht vollendet habe; der ich aber doch glükliche Tage, und eine sehr vortheilhafte Revolution in meinem Kopfe, und Herzen verdanke.

Eine neue Periode! Unter den Häusern, mit denen ich in Zürich sehr genau bekannt war, war das, eines Mannes von ohngefähr 70. Jahren, der mit dem besten Herzen viel Kenntniße und eine ungeheure Welt= und Menschenkenntniß vereinigte. Dieser Mann wurde durch einen vertrauten Umgang mit mir in die schönen Zeiten seiner Jugend zurükversezt. Er liebte mich, als ein Vater; und verehrte mich höher, als es meine Verdienste, oder seine Jahre eigentlich erlaubten. Dieser Mann hatte eine einzige Tochter, die unter seinen Augen aufgewachsen war; die noch nichts gefühlt hatte, als innige Verehrung dieses Vaters, und die von Jugend auf gewohnt war, alles mit den Augen ihres Vaters anzusehen. War es ein Wunder, daß, ganz ohne mein Zuthun, der Liebling des Vaters auch der

der Tochter wurde? Welche Mansperson ist nicht scharf=
sinnig genug, Empfindungen von der Art bald zu entdeken,
die noch dazu mir eben nicht verholen wurden? Mein
Herz war leer, Charlotte Schlieben war schon längst daraus
vertilgt. Ich ließ mich lieben, ohne es eben zu sehr zu
begehren. — Ich reis'te von Zürich ab, nachdem wir ein=
ander unbestimmte Versprechungen gemacht, und einen beständigen Briefwechsel verabredet hatten. Dieser Briefwechsel
wurde von Ihrer Seite immer dringender, und zärtlicher.
Endlich — und das fiel in jene Periode meiner Philosophie,
meiner hohen Seelenruhe und meiner gänzlichen Gleichgültigkeit gegen allen Glanz der Welt — schrieb sie mir, ich
solle, da meine Aussichten scheiterten, zu ihr nach Zürich
kommen; das Haus ihres Vaters, und ihre Arme stünden
mir offen. Ich besann mich in meiner damaligen Stim=
mung keinen Augenblick Ja zu sagen. Noch erwartet sie
mich in der Mitte des Aprills, und will sich sogleich bei
meiner Ankunft mit mir verheirathen. Ihr Vater hat mich
in dem zärtlichsten Briefe eingeladen. Sie selbst ist die edelste,
treflichste Seele; hat Verstand, mehr als ich, und ist dabei
sehr liebenswürdig; liebt mich, wie wohl wenig Manns=
personen geliebt worden sind. Sie ist nicht ohne Vermögen,
und ich hätte die Aussicht einige Jahre in Ruhe mein Stu-
diren abzuwarten, bis ich entweder als Schriftsteller, oder
in einem öffentlichen Amte, welches ich durch die Empfehlung
einer Menge großer Männer in der Schweiz, die sehr viel
von mir halten, und die Correspondenz in alle Länder Europas
haben, wohl erhalten könnte, selbst ein Hauswesen unterhalten
könnte. — Ich bin seit Michaelis fest entschloßen gewesen, diesen

Antrag zu ergreifen; und noch da ich meinen leztern Brief schrieb, war ich der Meynung, und schrieb daher, daß ich zu Ostern nach der Schweiz gehen würde. Aber von einer andern Seite hat eine gewiße Begebenheit wieder meinen ganzen Durst in die Welt hinaus aufgewekt; ich liebe die Sitten der Schweizer nicht, und würde ungern unter ihnen leben, es ist immer eine gewagte Sache, sich zu verheirathen, ohne ein Amt zu haben; und endlich fühle ich zu viel Kraft und Trieb in mir, um mir durch eine Verheirathung gleichsam die Flügel abzuschneiden, mich in ein Joch zu feßeln, von dem ich nie wieder loskommen kann, und mich nun so gutwillig zu entschließen, mein Leben, als ein Alltags Mensch vollends zu verleben. — Ich bin also seit einiger Zeit sehr unentschloßen, ob ich gehen werde.

Gehe ich aber nicht, so weiß ich nicht, was ich anfangen werde. Ich habe mehreren Männern hier in Leipzig, die sich für mich intereßiren, gesagt: daß ich ihnen für ihre Güte danke; weil ich auf Ostern anderweitige Aussichten habe. Ich darf ferner dann nicht in Leipzig bleiben, weil meine Geliebte mich hier zu gut zu finden weiß; weil ich mich der Fortdauer eines Briefwechsels ausseze, der mir sehr beschwerlich werden würde; weil ich ihr die in meiner Seele vorgegangene Veränderung nicht plözlich sagen, sondern sie allmählich darauf vorbereiten will. — Muß ich aber Leipzig verlaßen, so bleibt mir nichts übrig, als Dreßden. Davon unten ein mehreres.

Der Schluß des Schreibens fehlt.

Der nächste, ebenfalls nicht ganz vollständig erhaltene Brief führt die Aufschrift:

Dem
Herrn Fichte
Krämer

b. Einschluß bis Querfurt.

in
Rammenau
p. Bischofswerda.

und stammt aus dem Jahre 1792, da Fichte am 1. Juli 1791 nach Königsberg und im Herbste (September?) dieses Jahres in das gräflich Krockowsche Haus in der Nähe von Danzig gekommen war.

6.

Theuerste Eltern;

Ich habe Ihnen schon verwichnen Herbst von Königsberg aus geschrieben, ich ersehe aber aus der erst vor zwei Tagen eingelaufenen Antwort meines Correspondenten in Sachsen, daß Sie diesen Brief erst im Februar dieses Jahres können erhalten haben. Meine Lage hat sich seitdem sehr geändert, und ich ergreife die erste Gelegenheit, da ich nach Sachsen schreibe, um Sie davon zu benachrichtigen. Ich habe nemlich meinen Ekel gegen das Hofmeister Leben noch einmal überwunden, und lebe seit October vorigen Jahrs in Krockow, bei Neustadt, in West Preußen hart an der Ost See, 6. Meilen westwärts Danzig als Führer des Sohns des Königl. Preußischen Obrist Grafen von Krockow. Diesmal hat mich meine Entschließung nicht gereut, und wird mich warscheinlich nie reuen. Ich bin in einem Hause, das in seiner Art einzig ist, weil es in unsrer Gräfinn durch eine wohlthätige Göttin beseelt wird, geehrt, und geliebt; habe Aussichten, wenn ich je daran denken sollte, mich fest zu sezen, so gut sie einer haben kann; und beschäftige mich neben zu mit Schriftsteller Arbeiten. Macht Ihnen also das Glük Ihres Sohns Freude, so erhalten Sie hierdurch die Versicherung, daß ich jezt so glüklich lebe als . . . . . [ist abgerissen] . . . . .

Ich hoffe, daß Sie alle sich wohl befinden, und sich meiner freundschaftlich erinnern. Wollen Sie mich davon benachrichtigen, so geben Sie Ihre Briefe unter der Abdreße Krockow, bei Neustadt in West = Preußen etwa in Frankfurt an der Oder auf die Post — aber postmäßig gepakt, und gut gesiegelt und überschrieben. — Ich werde nicht unterlaßen Ihnen von Zeit zu Zeit mit so wenig Kosten als möglich, Nachricht von mir zu geben.

Mein ganzes Geschwister, besonders Gotthelfen, versichre ich meines brüderlichen freundschaftlichen Andenkens. Dies einzige thut mir leid, daß ich keine Aussicht habe, eines von Ihnen so bald wieder zu sehen. Ich werde meine vielen Wanderschaften warscheinlich in West = Preußen auf eine geraume Zeit beschließen. — Auch den Herrn Pastor Wagner bitte ich freundschaftlich von mir zu grüßen. Es ist jezt meine angelegenste Sorge, und vielleicht begünstigt sie das Schicksal, meine wirthschaftlichen Umstände auf so einen Fuß zu sezen, daß ich vorerst meine Schulden ([Zusaz am Rande:] die sich in manchen Ländern der Erde höher belaufen, als man glauben sollte) bezahlen, und dann die heilige Pflicht meiner geliebten Eltern Schiksal wenigstens in etwas zu versüßen, beobachten kann.

Leben Sie recht wohl, und versichern Sie sich der

kindlichen Liebe Dankbarkeit und Ergebenheit . . . . [abgerissen]

Der folgende Brief mit der Aufschrift: „Meinen theuersten Eltern", also ebenfalls durch Einschluß befördert, ist geschrieben aus dem Hause seines spätern Schwiegervaters, der Klopstock's Schwester zur Frau hatte, des Waagmeisters Rahn in Zürich, dessen Tochter Johanna Maria er schon vier Jahre früher, als er in Zürich als Erzieher lebte, kennen gelernt und lieb gewonnen hatte (I, 38 ff. 148; vgl. Fichte's eigene Aeußerungen über sie II, 154. 220. 256. 432. 503 ff. und ihre Briefe an Charlotte von Schiller II, 402 ff.). Er hoffte schon im April 1791 sie wiederzusehen und sich ehelich mit ihr zu verbinden; aber Verluste, die Rahn an seinem Vermögen erlitt, zerstörten diesen Plan. Der Biograph scheint mit den Worten: „Jetzt nach manchen vereitelten Planen eilte er mit Sehnsucht dahin" (I, 116) die Vermuthung aussprechen zu wollen, Fichte habe die Reise nach der Schweiz wirklich gemacht oder begonnen; mir ist dies aber ganz unwahrscheinlich, da Fichte nach obigem Briefe am 5. März noch in Leipzig war und am 28. April bereits von da nach dem Osten und Norden abreiste (I, 118).

7.

Theuerste Eltern,

Ich bin nach einer langen Reise glüklich und gesund in Zürich angekommen, und habe meine Geliebte, ihren Vater, ihre Familie voll Liebe, Freundschaft und Achtung für mich getroffen. Ein Umstand hat unsre wirkliche Verbindung aufgehalten, und hält sie leider! noch auf. Der Herr Pastor Wagner wird Ihnen den erklären, und Sie vielleicht um eine schriftliche Einwilligung in unsre Ehe bitten, die Sie mir mündlich schon gegeben haben.

Meine Geliebte grüßt Sie mit dem kindlichsten Herzen, und wünscht nichts inniger, als daß auch sie einst dazu beitragen könne, Ihnen den Abend des Lebens zu versüßen — Ich überzeuge mich immer mehr, welch' eine vortrefliche Person sie ist, und erfahre zugleich in welch' eine ausgebreitete und große Verbindung mit allem was in Teutschland angesehen, und groß ist, ich durch diese Heyrath komme — ich, der ich schon auf meinen Reisen nicht unwichtige Freundschaften geschlossen habe.

Ich und meine Geliebte grüßen herzlich alle meine Geschwister, die ich bitte sich unsrer freundschaftlich zu erinnern.

Nächstens schreibe ich Ihnen mehr. Jezt geht die Post ab.

Zürich, im Waaghause
d. 26. Jun. 1793.
     Ihr
    gehorsamer Sohn
    J. Gottlieb Fichte.

Was Fichte's Verehelichung aufhielt, waren die Schwierigkeiten der damaligen Züricher Gesetze bei der Verheirathung und Niederlassung eines Ausländers (I. 155. II. 154), weswegen Fichte auch unter dem 16. Juli an den Oberhofprediger Reinhard in Dresden schrieb mit der Bitte um Ausfertigung eines Erlaubnißscheines vom sächsischen Kirchenrathe zu seiner Trauung (II. 418).

Nicht lange aber dauerte es, bis Fichte den Ruf als Professor nach Jena erhielt, wo er Sonntag, den 18. Mai 1794 ankam und schon am 23. seine öffentlichen Vorlesungen, sowie Montag, den 26. Morgens von 6—7 Uhr seine Privatvorlesungen eröffnete. So sehr ihn nun auch dieses neue Amt in Anspruch nahm, so fand er dennoch Zeit, an seinen schon oben erwähnten Bruder Gotthelf zu denken und mit einer Art von väterlicher Fürsorge ihm die Wege zu höherer geiſtiger Ausbildung zu zeigen. An dieſen iſt denn nun eine ganze Reihe von Briefen gerichtet, welche im höchſten Grade anziehend wie belehrend ſind durch die pſychologiſche Einſicht und die pädagogiſche Weisheit, womit der ältere Bruder den jüngeren nach der Eigenthümlichkeit ſeines Weſens, ſeiner Anlagen und ſeiner Fehler beurtheilt und auf die Mittel zur Verbeſſerung ſeiner ſchlechten Angewöhnungen und ſeiner Mängel aufmerkſam macht. Die Klarheit und Richtigkeit dieſer Beobachtungen und Bemerkungen iſt ſo einleuchtend, daß darüber nichts weiter zu ſagen iſt. Hervorzuheben aber iſt namentlich noch erſtens die von trügeriſchen Einbildungen und unbeſonnenen Hoffnungen reine Nüchternheit, womit Fichte ſejnem Bruder gleich von vorn herein ankündigt, daß der ganze Bildungs- und Studienplan unter den obwaltenden Verhältniſſen, bei dem vorgerückten Alter (genau findet ſich daſſelbe nicht angegeben) u. ſ. w. nicht mehr als eben nur ein Verſuch ſein könne. Hervorzuheben iſt ferner auch die unerbittliche Entſchiedenheit, womit er ihm immer und immer wieder das nothwendig Abzulegende wie das unumgänglich zu Erſtrebende vorhält, — eine Entſchiedenheit, die freilich auch heutzutage in manchen Kreiſen der Erziehung um ſo weniger gern geſehen wird, mit je größerer Ueberzeugungstreue und Feſtigkeit ſie auftritt, — eine Entſchiedenheit, deren Berechtigung auch damals dem Bruder, gegen den ſie geltend gemacht wurde, nicht immer ſo ganz einleuchten mochte, ſo wie ſie ja ſelbſt der Gattin Fichte's, deren höchſt liebenswürdige Briefe ich mit beifüge, zuweilen zu hart erſchien (vgl. beſonders den Brief N. 14). So anziehend aber dieſe echt weibliche Milde iſt, ſo achtungswerth iſt des Mannes Strenge, der als Erzieher auch gegen den Bruder von den ernſten Anforderungen nichts nachließ, wo er nichts nachlaſſen durfte.

8.

Meinem Bruder Gotthelf.

Jena, d. 24. Jun. 1794.

Mein lieber Bruder,

Du haſt in den Punkten, die ich Dir bei Deiner Prüfung vorgelegt, manches nicht aus dem richtigen Geſichtspunkte angesehen. — Dahin gehören die gelehrten Sprachen. In Erlernung derselben hat ein schon gebildeter Kopf allerdings Vortheile, die das Kind nicht hat; er faßt besser die allgemeinen Begriffe, die dazu nöthig sind; aber er hat auch Nachtheile. Das mechanische Lernen bloßer Schalle, wie die Wörter sind, ist ihm etwas troknes. Einen Nachtheil hat er, an dessen Ueberwindbarkeit ich ganz zweifle: die Verhärtung der Sprachorgane zur Hervorbringung der richtigen Töne, besonders in der Französischen Sprache; wobei Du noch einen Nachtheil mehr hast, als andere, da Dein mütterlicher Dialekt das verdorbene Sächsisch, und noch dazu das höchstverdorbene Ober Lausitzer Sächsische ist. Ich selbst, der ich doch von meiner ersten Kindheit an aus der Gegend gekommen, habe Mühe gehabt, selbst meine teutsche Mundart so zu reinigen, daß man mir mein Geburtsland nicht mehr anhöre; Du wirst das nie können. Französisch gut sprechen habe ich nie lernen können; eben um dieser Muttersprache Willen; und Du wirst nie auch soweit kommen, um einem Franzosen Dich verständlich zu machen, aus Gründen, die ich Dir mündlich entwikeln will: (nicht bloß der Gaum, und die Zunge, auch das Ohr wird verhärtet; man hört den rechten Ton gar nicht.) — Ferner ist ein Hauptpunkt das feinere Betragen der großen Welt, das einem Gelehrten, der zur höhern Klasse gehören, und nicht unter den gemeinen gelehrten Handwerkern verbleiben will, schon jezt nöthig ist, und immer nöthiger wird. Denn der Gelehrten Stand fängt an sich auf eine immer höhere Stuffe empor zu arbeiten; und ehe Du auftrittst, wird die Sache wieder weit höher getrieben seyn. Wem es in diesem

Punkte fehlt, den macht man lächerlich, eben darum, weil man die Uebermacht des Gelehrten unwillig mit ansieht; und nun ist er um alle seine Brauchbarkeit. Du kannst Dir das gar nicht so ganz denken, weil es gänzlich außer Deiner Sphäre liegt. — Ein solches feines Betragen nun lernt in spätern Jahren sich nie; denn die Eindrüke der ersten Erziehung sind unaustilgbar. (Mir sieht man die meinige jezt vielleicht nicht mehr an; aber das macht mein sehr frühes Leben im Miltizschen Hause, mein Leben in Schulpforta, unter meist besser erzognen Kindern, mein frühes Tanzenlernen u. s. w. Und dennoch hatte ich noch nach meinem Abgange von der Universität einige bäurische Manieren; die bloß das sehr viele Reisen, das viele Hofmeisterieren, in verschiedenen Ländern, und Häusern, und besonders die gröste Aufmerksamkeit auf mich selbst vertilgt haben. Und weiß ich denn, ob sie ganz vertilgt sind? —) Das also ist der Hauptpunkt, über den wir nie kommen werden; und das — gesteh ich — thut mir weh, weil ich die Wichtigkeit davon einsehe, die Du nicht siehst.

Dennoch glaub ich muß die Probe gemacht werden. Gesezt, es geht nicht, so kann es nicht schaden, daß Du wenigstens mit einigen Seiten der höhern Stände bekannt werdest, und eine solche Bekanntschaft kann Dir in mancher Art nüzlich werden. Hierbei also kommt es auf die Frage an: ob Du Dir Seelenstärke genug zutraust, um, wie es seyn muß, ohne Beklemmung in Deinen jetzigen Stand wieder zurük zu treten? Ich stelle mir, bei gehöriger Seelen Größe, einen solchen Zustand, als sehr angenehm vor. Man kennt dann die Unannehmlichkeiten der höhern Stände aus Erfahrung, und ist in dem seinigen desto zufriedener.

Komm also zu mir; denn ob ich gleich dadurch, daß ich Dich spreche, kaum in irgend etwas näher von Deinem Zustande werde belehrt werden, als ich es schon jezt bin, so freue ich mich doch theils darauf, Dich zu sehen; theils erwarte ich von Dir einige Winke, wohin ich Dich zuerst thun müße. Das allererste muß seyn, Deinen Körper, und Deine Sitten zu bilden ([Zusatz am Rande:] ehe dieses geschehen ist, kann ich Dich auch nicht einmal bei mir haben, weil dadurch auf einer Universität, bei Studenten, auf mich selbst ein übles Licht fallen würde): und nebenbei zu versuchen, ob das Gedächtniß, und die Zunge die Sprachen faßt. Dies kann ein paar Jahre dauren. Und Du brauchst vor der Hand weniger einen Lehrer, als eine Erzieherin. Um einem jungen Menschen Sitten beizubringen, ist das weibliche Geschlecht schlechthin unentbehrlich. Ferner muß das in einer Stadt, und zwar in einer schon etwas großen Stadt geschehen, und da kenne ich denn weder Stadt, noch Haus, in die ich Dich thun könnte. Hier in der Nähe wünschte ich es nicht: sonst wäre allenfals Weimar der Ort. Tanzen lernen müßtest Du vor allen Dingen. Wenn Du dann so gebildet wärest, daß Du ohne Anstoß in Gesellschaft erscheinen könntest, so nähme ich Dich in mein Haus: und dann wollten wir wohl sehen. — Aber ob es dahin je kommen werde, das ist eben die Frage.

Was Du mir über den Aufwand schreibst, den mir dieses verursachen könnte, das muß ich Dir beantworten. — Du irrst, wenn Du glaubst, daß er gering seyn werde;

weil Du die Sache nur einseitig; nur von der Seite des Lernens ansiehst; und auch über diesen Punkt nicht weißt, wie viel zu lernen ist, wovon Du noch gar keinen Begriff hast. Aber es ist überhaupt am Wenigsten vom Lernen; es ist von ganzer sittlicher Bildung die Rede; und diese kostet um so mehr Zeit, und Geld, wenn man schon so lange her verbildet ist. Du wirst aus dem, was ich oben über diese erste Vorbereitung gesagt habe, ohngefähr einen Schluß machen können. Aber das thut nichts zur Sache. Was ich mir vornehme, das muß seyn; und dazu muß das Geld mir werden; das wißt ihr ja aus vielfältiger Erfahrung. Ueberhaupt erheitern sich meine Aussichten über diesen Punkt: ich werde eine gute Einnahme, aber freilich auch eine starke Ausgabe haben; denn das geht hier zu Jena stets mit einander, und ist nicht zu trennen. — Aber arbeiten muß ich schon jezt, und werde ich müßen, wie noch nicht leicht ein Mensch gearbeitet hat.

Vom wiedergeben an mich, wovon Du auch redest, kann nie die Frage seyn: und ich will Dir im Fall der Möglichkeit sogleich jezo feierlich eine Anweisung geben. Ich würde auf jeden Fall für unsere Eltern etwas gethan, gesorgt haben, ihnen ein bequemeres, freudenvolleres Alter zu verschaffen — besonders unserm guten Vater, der in seinem mühevollen Leben ein frohes Alter gar wohl verdient hätte. An diesen gieb zurük, wenn Dir Dein Plan gelingt; ich will unsern Eltern in Dir noch einen Sohn geben, der für sie thue, was ich vor der Hand nicht thun kann.

Ich erwarte Dich. Tritt nicht im Gasthofe ab, sondern komm gerade zu mir: auf der Bachgaße, in der

Spachmeisterin [so steht, ziemlich deutlich, geschrieben; es soll wohl Sprachmeisterin heißen] Durr Hause wohne ich. Ich weiß nicht, ob ich Dich die Nacht werde logiren können, da ich jezt mir ein eigenes Hauswesen einrichte, ein paar Professoren den Tisch bei mir haben, und ich vor jetzt nur zwei Stuben inne habe. Aber wir werden ja sehen! — Ich bin von 7. Uhr früh Morgens Vormittags immer zu Hause, und ich werde sorgen, daß ich gegen den 7. Jul. nicht . . . . . [dringende?] Arbeit habe. Ich habe diese zwar immer; aber ich muß voraus arbeiten wenn ich kann. — Ferner wünschte ich nicht, daß Du weder auf dem Wege hierher, noch in der Stadt, noch in meinem Hause verbreitest, in welcher Beziehung Du mit mir stehst. Ich habe dazu meine Ursachen. Wenn Du bei mir bist, so wird sich dann alles finden. Wenn Du aber als mein Bruder erscheinst, so verlangen die Häuser, mit denen ich näher bekannt bin, und es sind deren viele, daß ich Dich mit ihnen bekannt mache: und das könnte weder Dir, noch ihnen, noch mir angenehm seyn. —

Der Brief hat keine Unterschrift, vielleicht ist noch ein Blatt angefügt gewesen.

In Bezug auf Fichte's Hauswesen, welches in dem Briefe berührt wird, mag daran erinnert werden, daß seine Gattin nebst seinem Schwiegervater erst im Laufe des Sommers (nicht vor Ende Juli) ihm nach Jena nachfolgte, und daß er unterdeß sich eine Köchin hielt, mit der er ziemlich zufrieden war (I, 217). Daher kommt es auch, daß, wie die späteren Briefe zeigen, Fichte's Frau seinen Bruder noch nicht kannte, obschon dieser jedenfalls im Juli bei ihm in Jena gewesen ist.

Die Schlußbemerkungen, wie auch die Randnotiz in der Mitte des Schreibens, zeigen, wie überaus sorgfältig, fast ängstlich, Fichte auf seinen gesellschaftlichen Ruf bedacht war. Bei ihm, der nicht blos

Vorlesungen halten, sondern auf das ganze Wesen und Leben der Studirenden einwirken und sie aus der damals herrschenden studentischen Rohheit und Zügellosigkeit auch sittlich heben wollte, bei ihm versteht sich von selbst, daß er nicht in leerer Eitelkeit sich seines ungebildeten Bruders schämte, sondern höhere Rücksichten nahm.

9.

Meinem Bruder Gotthelf.

Jena, d. 4. August. 94.

Ich hätte Dir, und Deinetwegen nach Meisen schon lange geschrieben, wenn ich Zeit gehabt hätte. Aber Du kannst mir's glauben, daß ich oft auch zu einem Briefe die nöthige Zeit nicht habe.

Mit Anfange des Septembers dieses Jahres bist Du Kostgänger bei dem ConRektor auf der Stadtschule zu Meisen, Herr M. Thieme, der in allen Stüken für Dich sorgen wird. Du hast bei ihm alle Bedürfniße des Lebens, und Unterricht in der Lateinischen, und Französischen Sprache, und in der Geschichte. — M. Kenzelmann wird immer Dein Freund seyn, und Dir rathen. — Richte Dich also ein, daß Du mit Anfange des Septembers in Meisen bist. Was an den ConRektor zu bezahlen ist, ist schon bezahlt. — Für Kleider, — wobei Dir ohne Zweifel M. Kenzelmann mit seinem Rathe an die Hand gehen wird; meinen Wunsch weißt Du; ja nicht kostbar, und theuer, aber modisch — und Büchern, wozu Dir nemlich der Herr C. R. Thieme rathen wird, versorge Dich selbst aus dem Dir abgetretnen Gelde ([Zusatz am Rand:] auch bezahlst Du davon den Tanzmeister, den Dir Hrr. Thieme zuweisen wird.). Ich denke, das soll langen. Wegen der Herrschaft, denke ich, halten wir es so. — Du bist verreis't, — wer weiß es denn, wo Du hin verreist bist; Du bist ja bisher immer auf dem Handel gewesen; die andern Brüder sind auch auswärts, — wer weiß denn, wo Du bist? Nur hätteft Du dann immer schweigen müßen. Habt ihr nicht schweigen können, so ist die Sache freilich übel; und in diesem Falle bitte ich Dich, mir sogleich zu schreiben, damit ich meine Maasregeln zu nehmen wiße.

Gelingt dann Dein Vornehmen, so werde ich die Sache schon selbst abzumachen wißen ([Zusatz am Rande:] bis dahin giebst Du Dein Schuzgeld, wie vorher). Gelingt es nicht, so kannst Du ohne Nachtheil, und Nachrede in Deinen vorigen Stand zurüktreten. Gelingt es nicht, sagte ich — denn ich muß frei mit Dir reden, mein liebster Bruder. So ein Gedanke scheint Dir gar nicht einzufallen; ich muß demnach selbst Dich darauf aufmerksam machen. Du hältst den Sieg schon für errungen: aber er ist es noch gar nicht. Wir wollen es erst versuchen; und ich habe nie Dir mehr versprochen, und kann Dir, wenn ich vernünftig bin, nicht mehr versprechen, als daß ich den Versuch machen will

1.) Wenn Du nicht wenigstens hinlängliche Feinheit der Sitten Dir erwirbst, so kann, und will, und werde ich nichts für Dich thun; aus Gründen, die ich Dir mündlich, und schriftlich mitgetheilt habe. Ob Du das wirst, wißen wir beide noch nicht, weder ich, noch Du; Du kannst höchstens .... [behaupten?], daß Du es willst,

Du weißt aber noch nicht, ob Du es können wirst; und ich eben so wenig.

2.) Steht Dir noch ein HauptUmstand, sowohl zur Verfeinerung Deiner Sitten, als zur Erwerbung gründlicher Kenntniße im Wege, über den ich endlich, nachdem ich mündlich Dir schon Winke genug gegeben, und ich an Deinem Briefe doch noch nicht die geringste Aenderung spüre, freimüthig mit Dir reden muß. — Du traust Dir viel zu viel zu; hast eine viel zu hohe Meinung von Dir: und **Du wirst daher diejenigen Männer, denen ich Dich jezt übergeben muß, nicht achten; — deswegen ihnen nicht folgen, weil Du Dich für klüger hältst; und so wirst Du natürlich weder Deine Sitten bilden, noch etwas lernen.** Ich weiß sehr wohl, lieber Bruder, daß Du gegenwärtig auf keinen Menschen etwas giebst, als auf mich; giebst Du nun nur wirklich etwas auf mich, und glaubst Du, daß ich es redlich mit Dir meine, so lies aufmerksam, was ich Dir sagen will, und — richte Dich darnach.

Du hast Kopf, d. h. Fähigkeit etwas zu lernen, aber darum weißt Du noch nichts: und, — glaube es mir, — der Schüler der untersten Klaße weiß weit mehr als Du. Daß es so ist, ist Dir keine Schande; aber, wenn Du das vergißest, so ist es Dir eine Schande. — Du hast die, mit welchen Du bisher gelebt hast, übersehen, weil sie auch nicht studiert. — Einige Studierte, z. B. den Herrn Pfarrer, seinen Bruder, u. s. f. glaubst Du auch übersehen zu haben; aber da kann ich Dir aus dem Traume helfen. 1.) Du glaubtest z. B. nicht, was die Kirche, und der Pfarrer mit ihr glaubt; und darum hielteft Du Dich für aufgeklärter, als fie; theils weil ich z. B. es auch nicht glaube. Aber das ist sehr zweierlei; Du haft keine Einsicht in die Gründe, die ich habe, es nicht zu glauben; noch Einsicht in die Gründe, die der Pfarrer hat, es zu glauben. 2.) Du verstehst keinen Gelehrten, noch kannst Du ihn verstehen, weil es Dir an den nöthigen Vorerkenntnißen fehlt. Was Du also nicht verstehst, hältst Du, wenn es nicht Jemand sagt, der bei Dir in Autorität steht, für dummes Zeug: das mag es denn auch wohl seyn: aber Du wenigstens kannst es nicht dafür erklären, denn Du verstehst es nicht. — Um Dir ein recht auffallendes Beispiel darüber anzuführen. Kenzelmann hat etwas über den Ausdruck Denkfreiheit auf dem Titel einer gewißen Schrift gesagt: ich weiß nicht, was es ist, denn begreiflicher Weise (hier siehst Du wieder Deine Unwißenheit — Du hältst es für möglich, daß er mir darüber geschrieben haben könne, weil Du mit den Sitten der feinern Welt unbekannt bist; aber nach ihnen ist es unmöglich, daß er mir darüber geschrieben haben könne, weil ich mich nicht als Verfaßer genannt habe.) hat er mir nicht darüber geschrieben; aber ich errathe es sogleich, weil ein Studierter den andern auf einen Wink versteht. Da glaubst Du nun, ihm aus dem Traume helfen zu können; und verstehst nicht, was er tadelt. Es betrift den Ausdruck Denkfreiheit. Das Denken ist doch wohl etwas innerliches, unsichtbares. Wie kann mir denn jemand die Freiheit nehmen, in meinem Herzen zu denken, was ich will? und wer hat denn jemals diese Freiheit unterdrücken wollen, oder können?

Das ohngefähr hat K. sagen wollen. Es sollte demnach heißen, Freiheit seine Gedanken mündlich oder schriftlich oder durch den Druck mitzutheilen. — Nun hat er zwar nicht ganz Recht: denn in der Schrift selbst ist der Ausdruck Denkfreiheit so erklärt worden; und es ist nicht nöthig viel Worte zu machen, wo man mit einem einzigen auslangt. — Aber was Du sagst, paßt gar nicht auf seine Frage, und Du hast ihn daher gar nicht verstanden.

So lange Du nun nicht bescheiden wirst, und erkennst, daß Du schlechthin nichts weißt, aber etwas lernen sollst: und daß jeder Gelehrte Dich lehren könne, so ist Dir nicht zu helfen. Beurtheilen, ob etwas nöthig sey zu lernen oder nicht kannst Du gleichfalls nicht; denn Du weißt nicht, wozu das unscheinbare, und geringfügige in der Zukunft dienen könne, da Du die Wißenschaft nicht übersiehst. — Denke, daß Du, als Du die Buchstaben kennen lerntest, hättest sagen wollen: wozu das, zu lernen was A. und B. ist, u. s. f. so könntest Du heute noch nicht lesen. — Dergleichen Dinge werden Dir gar viele vorkommen, die zuletzt doch so nöthig sind, als das A. B. C. ob sie gleich unscheinbar aussehen.

Ferner habe ich bemerkt, daß Du die Wißenschaft für viel zu leicht hältst, und daß Du glaubst, daß das alles auf den ersten Anlauf gelernt sey. Das ist nun der Fall gar nicht; und wenn Du Dich nicht mit Gedulb ausrüstest, so kann nichts werden.

Also lege ab die große Meinung von Dir, und folge Deinen Führern auf der Bahn der

Wißenschaften blindlings. Zu seiner Zeit wollen wir zusammen selbst **prüfen**, jezt bist Du dazu noch gar nicht reif.

Ich habe diejenigen, welche die Aufsicht über Dich führen, gebeten, mir **freimüthig** zu melden, wie es mit Dir geht. Ich habe ihnen ferner Winke über diesen Deinen Fehler gegeben. Ich werde also sehr bestimmt erfahren, wie Du Dich hältst. Von Dir selbst erwarte ich, daß Du mir alle 8. Tage **unfrankirt** schreibst, sobald Du in Meisen seyn wirst, und mir meldest, **was** Du studirst, wie es Dir von Statten geht, Deine Gesinnungen, Gedanken, Zweifel dabei u. s. f. Dabei sey — darum beschwöre ich Dich um Deines eigenen Besten Willen, — offen und freimüthig gegen mich. Wenn Du dann auch etwas ungeschicktes schreibst und ich es Dir widerlege, — was ist denn das weiter? Das bleibt unter uns. Es ist beßer, daß ich Dir es verweise, denn daß es bei Dir bleibe. Ich will nie ein anderes Verhältniß zu Dir haben, als das eines ältern, weisern Freundes.

Ich bestimme Dir, — wenn alles gut geht — ein Jahr in Meisen. Könntest Du in einem halben Jahre leisten, was zu leisten ist; so ersparst Du mir freilich keine kleine Summe. — Doch ist eigentlich hiervon nicht die Rede. Werde nur, was Du werden sollst.

Das von der Probst-Stelle zu W. ist nicht klug ausgesonnen. Ich bin zuförderst kein Theolog. Ich kann Profeßor der Philosophie mit Ehren seyn: wäre es nicht thörigt von mir, wenn ich etwas nehmen wollte, dem ich nur nothdürftig vorstehen könnte. — Dann glaubt man denn, daß ich mich in Wittenberg verbessern würde? Man hat doch drollige Begriffe, scheint es, von einem Jenaischen Profeßor. — So auch dem, was die Fr. v. Kleist, der ich übrigens für ihr Andenken sehr verbunden bin, gesagt hat. — „Ich würde nicht lange in Jena seyn, sondern bald weiter gerufen werden." Ich möchte wohl wißen, wer mir etwas anbieten könnte, wodurch ich mich verbeßerte. Wer in Jena arbeiten will, der kann es so hoch bringen, als auf irgend einer teutschen Univerſität. Arbeitlosere Stellen giebt es freilich; aber ich habe noch nicht Zeit, mich zur Ruhe zu sezen. — Doch wünschte ich wohl, daß ich gerufen würde; um es ausschlagen zu können. Das unter uns wie sich versteht. — Ueberhaupt sey in Meißen vorsichtig in deinen Aeußerungen über mich. Du weißt nichts; damit ist es zu Ende.

Grüße herzlich meine Eltern, und Geschwister.

Der Deinige

F.

Daß die „Probſt-Stelle zu Wittenberg" für Fichte geeignet sein könnte, war wohl nur ein Gedanke der Seinigen; von einem wirklichen Anerbieten ist nichts bekannt. — Zu dem Namen v. Kleist vgl. den 45. Brief.

10.

Jena, d. 13. Fbr. 94.

Mein lieber Bruder,

Dein Lehrer hatte mir schon vor einigen Wochen Deinethalben geschrieben. Ich bin so überhäuft mit Arbeiten gewesen, daß ich ihm nicht eher, als bis jetzt antworten konnte; ich hoffe aber, daß dadurch für Dich kein Nachtheil entstanden seyn soll.

Die Methode, die der Herr Konrektor mit dem Decliniren, und Conjugiren einschlägt ist die einzige für Dich zweckmäßige. Mag es immer Kopfbrechens kosten. Decliniren, und Konjugiren ist das wenigste: die Uebung der angestrengten Aufmerksamkeit, des geschwinden Besinnens u. s. w. — diese ist wichtig.

Dich an Arbeiten gewöhnen, ist gleichfalls eine Hauptsache. Fahre so fort, wie Du mir schreibst, daß Du handelst. Ich wünschte auch zu wißen, was Du in Geschichte, und Geographie gelernt hast.

Ich sehe, daß Du noch immer so sehr unorthographisch schreibst. Suche Dich darüber zu belehren; und gib acht auf Dich, bei jeder Zeile die Du schreibst; sonst wirst Du Zeitlebens nicht orthographisch schreiben lernen; und das paßirt gar nicht. — Ferner schreibst Du doch auch gar zu schlecht. Ich wünschte, daß Du Deine Hand übtest. Berufe darin Dich nicht etwa auf mich. Es ist etwas anderes eine flüchtige aber ausgeschriebene Hand zu schreiben. Die Deinige ist nicht ausgearbeitet. Ich sehe ein, daß Dir das etwas schwer werden wird, weil Deine Hände durch Handarbeit steif geworden sind; aber Du mußt nur desto mehr schreiben.

Des P. Wagners Vortrag habe ich selbst einmal genoßen. Er ist allerdings sehr faßlich. Aber sey darum dennoch versichert, daß der jezige Unterricht dennoch der zwekmäßigste für Dich ist, eben darum, weil er Dir die Sache schwer macht. Es ist nicht um die Sache; es ist um die Kraftübung. Leb recht wohl, und schreibe mir bald wieder.

Fichte.

Aufschrift: Herrn Fichte
in
Meissen.

11.

Jena d. 25. Nov. 1794.

Theurer Bruder!

Mein theurer Mann, welcher Sie herzlich grüßt, hat mir aufgetragen Ihnen zu schreiben; dies Geschäft hab ich gern übernommen, nicht daß ich gerne Briefe schreibe, (denn seitdem ich nicht mehr an meinem Fichte zu schreiben habe, ist mir das Schreiben höchst unangenehm.) sondern weil Sie der Bruder meines Lieben Mannes sind; und weil ich glaube daß Sie auch ein Edler, rechtschaffener Mann sind; da habe ich sie nun schon recht lieb, ohne Sie eigentlich zu kennen; auch freue ich mich auf die Zeit, wo Sie zu uns kommen, und bey uns wohnen, recht innig; da ist mein guter rechtschaffener Vatter, seine Kinder, und Sie unser Bruder; da werden wir oft, so stille, geräuschlose Freuden, welche dem Herzen wohlthun, in unserm Hause mit einander genießen; wie wir lezten Sonnabend eine hatten; es war nämlich meines guten Vatters 75. Geburtstag. Der Himmel war uns so günstig, daß wir spazieren fuhren, in der lieben Natur herum schwärmten; und am Abend, unter herzlichen vertraulichen Gesprächen bey einander saßen, wo uns denn innig wohl war; auch ist mein theurer Fichte, so ganz zu diesen herzlichen Vertraulichkeiten gemacht; daß man sich in Ihn verlieben muß; nun stellen Sie Sich vor, wie's mir armen Geschöpfe dann geht? da ich Ihn schon sonst herzlich Liebe; meine Liebe geht dann in Anbetung über.

Ich merke nun wohl, daß ich Ihnen beständig von meinem Lieben Mann vorgeschwazt habe; Sie lieben ihn ja auch, drum kann Ihnen das nicht unangenehm seyn; und ich wünsche Ihnen theurer Bruder, zu seiner Zeit, auch eine weibliche Seele, die Sie so einzig liebt; und wenn Sie wollen, so wollen wir Diese zu seiner Zeit, ja zu seiner Zeit, vergeßen Sie dieses nicht, gemeinschaftlich suchen. Nun will, und muß ich Ihnen Behüte Gott sagen; denn ich habe mehrere Briefe zu schreiben, Dieser muß mich für die unangenehmen welche ich noch zu schreiben habe schadlos halten; Leben Sie wohl! mein guter Vatter grüßt Sie herzlich; das gleiche thut Ihre Schwester

Johanna Fichte.

Wir haben Ihren 2. Brief auch erhalten. Mein Mann wird Ihnen nächstens schreiben.

Aufschrift:
        Herrn Fichte:
                              in
bei Herrn ConRektor Thieme.   Meissen.
frey

(Nur „Herrn Fichte:" und „frey" von Johanna's Hand, das Andere von J. G. F.)

Der folgende Brief, die Perle unter denen von Johanna's Hand ist mit der Offenheit, mit der hier ein weibliches Gemüth über sich selbst spricht, und mit dem leichten Anklang von Humor, so wie mit der überströmenden Fülle kindlich einfachen Sinnes und reinster Liebe, ein köstliches Cabinetsstück, ein wahres Meisterwerk.

12.

Jena d. 27. Decemb: 1794.

Lieber theurer Bruder!

Ich habe eine Menge Briefe vor mir, die ich beantworten soll, und Ihrer sey der erste, den ich beantworte, weil Sie mir die liebste Persohn sind. Hören Sie Lieber, ich bin gar nicht Ihrer Meinung, daß ein schön geschriebenner Brief, eine schöne Seele verathe; (nicht, daß nicht beydes neben einander bestehen könne,) aber die Erfahrung hat mir schon zur Genüge gelehrt, daß es oft nicht bei einander ist; und wenn ich Ihnen allso, welches ich nicht weiß, einen schönen Brief geschrieben habe, Sie daraus gar nicht so gütig schließen müßen, daß ich eine schöne Seele habe; überhaupt sehe ich aus Ihr. Lieben Brief, daß Sie mich viel beßer glauben als ich nicht bin; und das sezt mich in große Verlegenheit, wenn Sie mit solch guter Meinung zu uns kommen, und dann durch die Erfahrung belehrt sehen, daß ich das bey weitem nicht bin, was Sie glaubten, daß ich sein würde, und auch sein könnte, so muß ich in Ihren Augen gewaltig verliehren; und das würde mir dann weh thun; auch müßen Sie nicht glauben eine schöne Schwester bekommen zu haben; denn ich weiß wohl, die Lieben Männer sehn auch das gern, drum laßen Sie Sich nun erzehlen wie ich aussehe: vors erste bin ich klein, und war im 16. Jahre sehr fett, da ich seit der Zeit nun um ein merkliches gemagert bin, so hat die einmahl zu stark ausgedehnte Haut, viele Runzeln bekommen, dazu gab mir die Natur ein wiedrig langes Kinn; und was nun das ärgste von allem ist, so hab ich wegen heftigen Zahnschmerzen, (welches fast alle Leute in der Schweiz haben,) mir meine obern Zähne ausziehen laßen; nun überlaße ich Ihrer eignen Einbildungskraft, mich so comisch darzustellen, als ich wirklich bin.

Nachdem, was Sie mein Lieber, was mein Mann, mir von unsern Vatter gesagt hat, fühl ich viele Achtung für Ihn, und ich bitte Sie, ihn herzlich in meinem Namen zu grüßen; ich hätte schon an Ihn geschrieben, hielte mich nicht der Gedanke, der guten Mutter davon ab, denn ich muß Ihnen gestehen, daß, nachdem, was ich von ihr gehört, ich Sie wirklich fürchte; Wir wollen Sie [soll natürlich heißen: sie] Lieber Bruder, als gute Kinder ehren, und nicht vergeßen was sie während ihrem mühsamen Leben, an ihren Kindern gethan hat; auch kennen wir ihre Erziehung nicht, wißen nicht, wie das alles so kam; und vielleicht nach ihrer Lage kommen mußte.

Ja Lieber, es wird einst auch ein gutes Geschöpf für Sie dasein, daß Sie aufrichtig Lieben wird; und ich will es denn zu seiner Zeit mit Ihnen suchen; ich biete mich darum zu Ihrer Rathgeberin, über diesen wichtigen Schritt, an, weil wir Weiber tiefer in die Seele unsers Geschlechts hineinblikcn, als oft die klügsten Männer nicht thun; und denn, weil ich Sie gerne glüklich sehn möchte . . . . . [diese Punkte stehen im Originale] Sie sind mein Lieber Bruder, und wollen, und werden gewis ein brafer Mann werden, und darum lieb ich Sie sehr.

Sagen Sie mir nichts guter Lieber, von unsern gegenseitigen Verhältnißen, von Wohlthaten, wie Sie es nennen wir wollen wie gute Kinder sein, welche mit einander theilen, und durch dieses theilen, ihrem eignen Herzen eine Wohlthat erzeigen.

Mein theurer Vatter, welcher, ich darf es sagen, an Güte des Herzens uns alle übertrift, grüßt Sie von ganzer Seele, und freut sich recht darauf Sie kennen zu lernen; Er wird Sie, wie seinen Sohn lieben. Er hat ein Herz daß lieben kann, und dem nicht wohl ist, wenns nicht lieben kann.

Wenn Sie ein Freund der Natur sind so werden Sie auch an mir eine Freundin der Natur finden, denn kann ich ornblich schwärmen, aber doch nicht mehr in dem Grade, wie ichs konnte; dieses Gefühl hat sich ein wenig bey mir verlohren, und es ärgert mich sehr.

Leben Sie wohl Lieber theurer Bruder! Schreiben Sie bald, und vergeßen Sie nicht, wie Sie aufrichtig Liebt Ihre Schwester

Johanna Fichte

Aufschrift:
    Herrn Fichte:
  abzugeben beym Herrn Conrector Thieme
Frey: in Meisen

Einerseits zur Bestätigung, anderseits zur Erklärung und Milderung des Urtheils über die Mutter vergleiche man, was oben zum 4. Briefe bemerkt wurde, so wie die folgenden Briefe Nr. 19. 21. 42. 45. 47.

Nach reiflicher Ueberlegung habe ich geglaubt, auch diese Stellen nicht zurückhalten zu müssen, weder aus übertrieben vorsichtiger und zaghafter Pietät gegen Fichte, noch selbst gegen seine Mutter, die trotz der vielleicht scharfen und grellen Beleuchtung, welche auf sie fallen mag, doch nicht in einem schlechten Lichte erscheint. Für das Verständniß von Fichte's eigenem Wesen aber scheint mir die Kenntniß seiner Stellung in seiner Familie und der Beziehungen zu seinen Angehörigen nicht unwichtig, weil die rücksichtslose Entschiedenheit und die zuweilen bis an Schroffheit grenzende Strenge seines Charakters, das oft stolz sich Abschließende und kalt Zurückweisende seines Wesens gegen heterogene, anders geartete Persönlichkeiten, zum Theil wohl — ich sage nicht ihre Entschuldigung, deren scheint mir es nicht zu bedürfen, wohl aber ihren Erklärungsgrund mit in dem Gegensatze haben kann, in dem er schon frühzeitig zu einem Theile seiner Umgebung sich befand. Nicht minder als die positiven müssen auch die negativen Einflüsse bei dem Entwicklungsgange eines Charakters in Anschlag gebracht werden.

Dürfen wir aus den spärlichen Andeutungen ein bescheidenes Urtheil wagen, so war Fichte's Mutter wohl, zum Unterschiede — vielleicht auch zu einer nothwendigen Ergänzung — von ihrem weichherzigen und wohl bis an's Unpraktische gutmüthigen Gatten, eine wesentlich energische, positive, thatkräftig auftretende Frau von etwas zusammen geraffter, gedrungener, kantiger Natur, die ihre gut gemeinten, verständigen Ansichten in eigensinniger, rechthaberischer Weise geltend machte, vielleicht um so heftiger und, daß ich so sage, verbissener, je weniger sie alle Mal sogleich einen Erfolg davon sah: so daß sie schließlich eine von jenen Frauen wurde, als deren hervorstechendste Seite die Zanksucht sich zeigt, während sie doch im innersten Grunde ihres Wesens wohlmeinend und herzensgut sind. Etwas davon, obwohl in vollkommen gereinigter und idealisirter Weise, war auch in ihrem großen Sohne, der auch leiblich ihr Abbild war. Herr Professor J. H. Fichte schreibt mir, daß ihm seine Großmutter noch aus seiner „eignen Kinderzeit als stattliche, untersetzte Frau von mäßiger Größe, bei auffallender Aehnlichkeit mit den Gesichtszügen ihres Sohnes, Johann Gottl. Fichte, gar wohl in der Erinnerung" lebe. Daß gerade zwei solche harte, feste Charaktere, innerlich und ursprünglich verwandt, doch leicht dazu kommen konnten, sich gegenseitig abzustoßen, liegt auf der Hand und ist psychologisch vollständig erklärbar, namentlich wenn, wie hier, der Vater, passiv sich verhaltend, den Sohn nachsichtig gewähren ließ, wo die praktische, resolute Mutter meinte, den Sohn nach einer langen, mühsamen Vorbereitung zur Erfassung einer geordneten, den nöthigen Lebensunterhalt sicher eintragenden Berufsthätigkeit drängen zu müssen. Ihr Verhältniß zu den übrigen Kindern ist aus den vorliegenden Quellen natürlich nicht so deutlich erkennbar, und jedenfalls überhaupt minder klar durchgebildet gewesen.

Wir haben hier ganze, volle, markige Menschen vor uns, die in einen, wir können wohl sagen echt tragischen, Conflict kommen, weil sie nicht blos jeder nach seiner Meinung, sondern auch jeder in seiner Weise Recht haben, so aber, daß nach allgemeineren, freieren Gesichtspunkten wiederum jedem auch ein gewisses, mehr oder minder großes Unrecht anhaftet, weil er seinen eigenen, individuellen Standpunkt zum absoluten, allein berechtigten machen und dem des Andern nicht auch eine theilweise Berechtigung zugestehen will. Tragisch ist dieser Conflict, weil er der Idee nach, welche die Harmonie und den Frieden fordert, nicht bestehen sollte, und weil er, wie die Dinge nun einmal liegen, doch eben unvermeidlich ist, und weil schließlich auf der einen oder der andern Seite eine Niederlage erfolgen muß, welche, in ihrer Gesammtwirkung das genaue Maß der Schuld überschreitend, das Mitleid und den Antheil des Herzens rege macht und einige wehmüthige Klänge selbst in den Siegesjubel auf der andern Seite mischt. Es braucht wohl kaum ausdrücklich hinzugefügt zu werden, daß jene Differenz im vorliegenden Falle nicht wirklich zu einer äußerlichen Katastrophe kam (war doch Fichte, dem geistig doch der Sieg bleiben mußte, wie er ihm auch von der Geschichte zugesprochen ist, für seine Mutter bis an das Ende ihres und seines Lebens in treuer Sorge thätig): es ist dieses nur eine innerliche Auseinandersetzung gewesen.

Wem das Ganze als eine ungehörige Abschweifung in das ästhetische Gebiet erscheint, der möge Nachsicht üben. Ich glaube nicht anders jenen beiden wackern Menschen gerecht werden zu können, wenn ich einmal wagte, von ihnen zu reden; und was mich dazu bestimmte, habe ich oben ausgesprochen. — Indessen will ich auch nicht unterlassen hinzuzufügen, daß mir Herr Pastor Werner in Rammenau sagte, im

Dorfe gelte Fichte's Mutter mehr für eine stille Frau, von der man nicht Viel wisse, wogegen sein Vater als „der alte Bandmacher" noch vielfach genannt werde. Dies ist allerdings keine Bestätigung der psychologischen Hypothese, wie ich sie auf Grund des vorliegenden Materials aufgestellt habe; es ist aber auch — scheint mir — keine unbedingte Widerlegung, sondern läßt sich, zumal wenn man den verwischenden Einfluß der Zeit in Anschlag bringt, sehr wohl damit vereinigen. —

Es gereicht mir zu hoher Befriedigung, daß die hier dargelegte Ansicht nachträglich noch von competentester Seite her authentische Bestätigung findet. Herr Prof. Fichte in Tübingen schreibt mir am 7. Juli d. J. über diese ihm mitgetheilte Stelle: .... „Damit komme ich auf meine Großmutter und auf dasjenige, was Sie mit gewiß sehr richtiger psychologischer Conjecturalkritik über dieselbe schreiben. Was ich selbst über sie und über ihr Verhältniß zu Mann und Kindern aus eigener Erinnerung und aus den Mittheilungen meiner seligen Mutter weiß, ist folgendes. Sie war noch im Alter (im Jahre 1805 und 1811 besuchte mein Vater mit uns seine Eltern und so schwebt mir das Bild der Großmutter noch in lebhafter Erinnerung vor) eine gerade, stämmig untersetzte Frau, mittlerer Größe, mit Gesichtszügen, die ganz auffallend denen ihres Erstgebornen glichen. Sie galt in der Familie wegen ihres Verstandes und der Energie ihres Willens als die eigentliche Herrscherinn, und ohne Zweifel hat mein Vater ihr das Feste, Unerschütterliche seines Charakters als Erbstück zu danken. Deshalb wurde sie aber auch gefürchtet in der Familie, und meiner Mutter Aeußerung, sowie die meines Vaters erklären sich daraus vollständig. Sie war dabei eine Frau von strenger Religiosität, und mein Vater, der wenigstens in den spätern Jahren, wie ich es selbst erlebt habe, seine Mutter mit kindlicher Ehrfurcht als ein ihm ehrwürdiges Wesen behandelte, hat gegen meine Mutter ausdrücklich erwähnt, wie viel er den ersten religiösen Eindrücken verdanke, welche die Mutter ihm eingeflößt. Doch war das Verhältniß zwischen Mutter und Sohn in seinen Studienjahren allerdings, wie ich aus vielen einzelnen Andeutungen in übriggebliebenen Tagebuchresten und Briefconcepten schließen konnte, ein getrübtes. Der Grund lag aber gerade in ihrer Vorliebe für diesen ältesten Sohn, den sie sich nicht anders

denken konnte, denn als Prediger, und in deſſen ganz abweichender und
excentriſcher Laufbahn ſie nur die bedenklichſte Abweichung vom Pfade
des Frommen und Guten erbliken konnte; kurz, ſie verſtanden einander
nicht, es kam zu heftigen Scenen, weshalb er einige Jahre hindurch
ſogar den Beſuch zu Hauſe gemieden zu haben ſcheint, und ſo erklärt
ſich mir z. B., daß er bei ſeiner allerdings abenteuerlich erſcheinenden
Wanderung nach Warſchau (Bd. I. S. 119 Aufl. II.) in Biſchofs-
werda blieb und brieflich ſeinen Vater und ſeine Brüder zu ſich beſchied.
Späterhin hat ſich dies Verhältniß, wie ich ſelbſt geſehen habe, völlig
wieder hergeſtellt..... Aber leider waren auch in der Familie innere
Mißhelligkeiten, unter denen der Großvater ſehr viel litt".....

Die beiden folgenden Briefe tragen kein Datum, ſcheinen aber im
März 1795 geſchrieben zu ſein, ſie zeigen, wie Gotthelf's Reiſe nach
Jena, worauf die gutmüthige und weichere Johanna ſchon im November 1794 hindeutet und worauf ſie ihn immer wieder vertröſtet,
nach Fichte's klarer und kälterer Einſicht ſeinen Zweken gemäß noch
weit hinausgeſchoben werden mußte.

13.

Mein lieber Bruder,

Es iſt mir nicht möglich geweſen, Dir eher auf Deinen
letzten Brief zu antworten. Ich habe Dir ſchon mehrmals
geſagt, daß ſelbſt ein kleines Briefchen nicht allemal ſo gar
leicht von mir geſchrieben werden kann, weil oft ſelbſt die
wenigen dazu erforderlichen Minuten mir fehlen.

Was Du mir über Deine Lage ſchreibſt, kann ich zum
Theil wohl glauben. Ich habe manches der Art vorher-
geſehen, weil ich unſere Schulleute gar wohl kenne, und
nicht erwarten konnte, daß Dein Lehrer von der beinah'
allgemeinen Regel eine Ausnahme machen würde. —
Erkenne aus dieſem Ausdruke, daß der Sache nicht wohl
zu helfen war, wenn der Zwek erreicht werden ſollte.

Das Hauptübel, mein lieber Bruder, liegt in dem Mißverhältnisse Deines Alters zu Deiner Lage; ich habe das alles vorhergesehen, und größtentheils es Dir vorhergesagt. Du mußtest diesen Uebeln Dich freiwillig unterwerfen. — Dazu kommt Deine bis jetzt gewohnte Lebens Art. Es ist kein geringes aus dem beständigen Leben in einer Familie, aus fortdauernder Gesellschaft, sich in die Einsamkeit eines Studierzimmers, und ohne Welt- und Menschenkenntniß, ein Jüngling an Jahren, und ein Kind an Einsicht sich unter fremde Leute eines ganz andern Standes wagen. — Die unangenehmste Nachricht in Deinem Briefe war mir Dein Hang zur Hypochondrie. Ich weiß aber besser, daß es nicht dies, sondern Sehnsucht nach Deiner vorigen Art zu seyn, Sehnsucht nach Hause, u. s. f. ist. Darin wirst Du mir widersprechen; aber Du kannst das nicht beurtheilen; es ist Sehnsucht, die nicht zum Bewußtseyn kommt.

Du irrst Dich gänzlich, wenn Du glaubst, daß Du schon jezt mit Nutzen nach Jena kommen könntest; und das ist ein Beweiß, daß Dir noch bis jezt über diejenigen Dinge, die ich Dir gleich anfangs sagte, und schrieb, noch kein Licht aufgegangen ist; daß nemlich zu einem Gelehrten positive Kenntniße gehören. Mein Umgang kann Dir hierin nicht viel nützen. Denn theils habe ich des Tages gar sehr wenig Zeit übrig, theils verstehst Du mich nur halb; theils kommen die Dinge, die Dir jetzt zu lernen nöthig sind, in meinen Gesprächen nicht vor: ich habe nicht Zeit Dich darin zu unterrichten, und bin auch selbst kein großer Held darin. Endlich aber verhindert es besonders meine jezige Lage ganz und gar Dich, ehe Deine Sitten mehr Feinheit haben, in mein Haus zu nehmen. Ich habe meine sehr triftigen Gründe, zu wollen, daß nichts was mir angehört, auf irgend eine Art dem Tadel des Publicums ausgesezt sey. — Du kannst für Deine Sitten höchstens Schüchternheit, und das Complimentirbuch der kleinstädtischen Welt angenommen haben: das ist für den Anfang nicht übel. Aber darauf muß eine anständige Freimüthigkeit, und eine gewisse Leichtigkeit gesezt werden, und diese kannst Du in Deiner gegenwärtigen Lage nicht annehmen, und ich weiß gar wohl warum. — Ferner weiß ich sehr sicher, daß Du die schöne Kammenauische Sprache noch immer nicht abgelegt hast, und daß diese erst weg wäre, wünsche ich gar sehr.

Dies sind meine Gedanken wegen Deines Anherkommens. Dies ist vor der Hand unmöglich, und bleibt unmöglich, bis ich Dich selbst geprüft habe, und Dich dazu fähig finde. Deinen Wunsch aber von Meissen wegzusehn, überhaupt misbillige ich nicht: wenn ich nur wüste, wo ich Dich hinthun sollte. Es sind mir zwei Gedanken eingefallen; entweder als Externus nach Schul-Pforte. Hierbei würdest Du den Vortheil haben, mit jungen Leuten Deines gleichen bekannt zu werden, welches ein großer Vortheil für das ganze Leben ist; aber leider — würde Dir dabei Deine Unwissenheit in demjenigen, wovon dort alles Ansehen abhängt, im Wege stehen, und es würde eine sehr große Klugheit von Deiner Seite erfordern, Dich zu behaupten, theils wäre auch dort für die Bildung seiner Sitten nicht viel besser gesorgt, als in Meissen. Jedoch, Du wärst mir in der Nähe, und ich könnte vielleicht durch meinen Einfluß und Namen bei den umliegenden Familien etwas vermögen. ([Zusatz am Rande]: Dieser ganze Plan stößt sich besonders daran, ob Du auch genug gelernt haben magst, um in Pforte recipirt zu werden.) Oder, es ist mir eingefallen Dich zum Pastor Bischoff zu thun, der seine schlechte Stelle mit einer sehr guten, auch nicht allzu weit von hier, vertauscht hat. Ich werde in einigen Wochen selbst zu ihm reisen, und die Lage selbst vollkommen prüfen, ehe ich ihm einen Gedanken davon äußere. In der Mitte künftigen Monats sollst Du etwas bestimmtes von mir erfahren.

Wie stehts mit dem Tanzen? Ferner, wie steht es mit Deiner Kleidung, Deinen Büchern, Deiner Börse? — Schreib mir das recht ausführlich, damit ich meine Maasregeln darnach nehmen könne. Deinen Lehrer grüße von mir, und sage ihm: ich bedauere, daß ich ihm Dein Vierteljahr-Geld nicht habe schiken können. Es sey mir nicht möglich gewesen, und ich müste ihn bitten zu warten, bis Monat May, wo ich es ihm richtig, und mit Dank übersenden werde.

Bruder Christian hat von Finsterwalde aus an mich geschrieben und mir seine Verheirathung gemeldet. Wenn Du ihm etwa schreibst, so versichre ihn meines herzlichen Antheils. Ich werde ihm schreiben, sobald ich Zeit haben werde. Eben so an Bruder Gottlob, und meine Eltern.

Dein treuer Bruder

Fichte.

14.

Lieber theurer Bruder! Ich kann meines Mannes Brief nicht vortgehn laßen ohne Ihnen auch ein paar Zeihlen zu schreiben, ohne Ihnen zu sagen daß mein theurer Vatter Sie innig liebt, und herzlich grüßt, daß Er und ich aufrichtig wünschen daß Sie bald bei uns sein mögen; faßen Sie Muth Theurer, die Zeit daß Sie bei uns Leben, wird ja auch nicht mehr so lange dauern, und denn werden Sie Sich das überstanden zu [hier steht, durchstrichen, „haben"] freuen haben.

Daß wir Ihnen so wenig schreiben, ist gewis nicht mangel Liebe, sondern mangel an Zeit, das ist im ganzen ein wirwarvolles Leben hier, daß wenig wahren Genuß schaft, und viel Zeit raubt; Sie werd einmahl selber sehn; ich wünsche nur daß Sie bald kommen, und kann nicht so ganz einsehn warum mein Mann es so aufschiebt, die Lebensart ist hier nicht gar fein, so daß gewis ein jeder sich bald hineinfindt; ich wünschte nur auch Sie einmahl zu sehn Lieber Bruder! Warum können, und sollen Sie uns denn nie besuchen? Sie und ich, wir wollten, unsern Fichte denn schon bekehren, ich glaube immer Er nimt die Sache viel zu strenge. Leben Sie wohl! Guter theurer Bruder, von ganzem Herzen Ihre Fichtin.

In dem nächsten Briefe klingt in bemerkenswerther Weise aus Johanna's durch und durch christlichem Gemüthe eine ergebungsvolle Stimmung heraus, das Gefühl, daß wir auf Erden schon Bürger des Himmels seien, in welchem erst unsere wahre und ewige Heimath sei. So schreibt auch später, gegen Ende des Jahres 1806, Fichte aus Königsberg an seine Gattin: „Ich habe meine Entschiedenheit für das Leben, die in meinem Innern nie zweideutig war, nun auch äußerlich realisirt. Du bist der Erde ohnedies abgestorben, wie das Weib mag, der Mann nie darf noch soll. Du wirst mit dem bescheidenen Platze, den ich mir behalten habe in der letztern, vergnügt sein" (I, 371).

Als äußerliche Veranlaßung zur Offenbarung dieser Denkart in diesem Briefe müssen wohl die bis zu gewaltsamen Angriffen gehenden Anfeindungen und Beleidigungen betrachtet werden, mit denen Fichte von den Ordensverbindungen der Studenten verfolgt wurde, die er als die Quellen vielfacher Unsittlichkeit erkannte und darum veranlaßen wollte sich aufzulösen.

15.

Jena d. 8. Aprill 1795.

Theurer Bruder!

Schon lange wollt ich Ihnen schreiben, schon lange einliegendes schiken; und immer, und immer gabs Hinderniße: Sie sind eine gar zu gute Seele, da Ihnen mein Geschreibsel angenehm sein kann; freuen thut's mich freylich; da ich mich nun ganz treuherzig hinsezen kann, wenn ich Ihnen schreibe; da ich denken darf, der gute Bruder versteht Dich schon, wie du es meinst, daß ichs gut mit Ihnen meine, das weiß ich, das sagt mir mein Herz, daß Sies aber auch gleich so einsehen, das macht Ihnen Ehre.

Mein Lieber Mann, wird in ein paar Tagen, zu Pastor Bischoff reisen, um wie er hoft, sich zu erholen, und um zu arbeiten; damit er künftig Sommer nicht so stark arbeiten müße; ich bleibe bey meinem Vatter, welcher sich nicht ganz wohl befindt, und der Haushaltung, welche man nicht gut allein laßen kann; auch muß verschiedenes im Hause ausgebeßert, und verändert werden; so siehts nun bey uns aus Lieber Bruder; was man im ganzen in Jena für eine Art zu leben führt, werden Sie einst selber sehn; es ist wie überhaupt in der Welt, häußliches Glück, können wir uns nur selber schaffen, Stöhrungen von außen, muß man sich nicht laßen zu Herzen gehn; dies ist auch hier höchst nothwendig; so geht ein Jahr, nach dem andern hin, bis wir am Ziehle unsrer Laufbahn hienieden sind; wohl uns, wenn wir viel Gutes, und nicht Böses thaten.

Ich freue mich, daß Sie so Muthvoll, Ihre Zeit, (ich hoffe, und wünsche daß sie nicht mehr lange daure) ausharren; wir wollen uns nachher mit Ihnen drüber freun.

Mein guter Vatter, und Mann grüßen Sie herzlich, Leben Sie wohl, und errinnern Sie Sich dann und wann Ihrer Schwester

Johanna Fichte.

Aufschrift:
             Herrn Fichte:
bei dem Herrn Con Rektor Thieme.   in
Inliegend ein Friedrichd'Or   Meissen.

(Nur: „Herrn Fichte" von Johanna's Hand.)

Die erwähnten Mißhelligkeiten bewogen Fichte, Jena auf einige Zeit zu verlassen und den Sommer in Oßmannstädt zuzubringen (I, 230); darauf beziehen sich die folgenden Briefe, von denen der erste der Zeitangabe ermangelt.

16.

Theurer Bruder!

Wir werden wahrscheinlich diesen Sommer auf dem Lande Leben, und Sie werden denn zu uns kommen, worauf ich mich herzlich freue; ich werde Ihnen so bald möglich das

bestimmtere drüber schreiben. Leben Sie wohl! In Eyl
Ihre Schwester

        Jo. Fichte nee Rahn

Aufschrift:

  Herrn Fichte:
  Bey dem H: Conrector Thieme
          in
 Einliegend einen Friedrichs'dor: Meissen.

17.

Jena, d. 27. April. 1795.

Da ich durch eine Veranlaßung, worüber mündlich, diesen Sommer frei bekomme, und ihn auf dem Lande zubringen werde, habe ich mich entschlossen, Dich zu mir zu nehmen. Komm daher, sobald Du willst, und kannst. Wenn Du über Leipzig, und Naumburg reisest, so brauchst Du gar nicht nach Jena, sondern haft von Naumburg aus über Auerstedt zu reisen, und da nach dem Dorfe Oßmannstedt zu fragen, welches zwischen Auerstedt und Weimar an der Straße, wie man mir sagt, liegt. In Oßmannstedt auf dem Schloße trifst Du mich. Ich habe daßelbe, welches sehr schön ist, und in einer angenehmen Gegend liegt, für diesen Sommer gemiethet. Da ich Dich bald zu sprechen hoffe, so halte ich nicht für nöthig, Dir noch irgend etwas zu schreiben, wozu ich ohnedies jezt nicht Zeit hätte.

  Ich bin jezt selbst mit meiner Caße etwas dürftig eingerichtet. Ich hoffe daher, daß die inliegenden 2. Dukaten hinlänglich seyn werden, um Dir das nöthige zu Deinem Abgange von Meisen zu verschaffen, und um damit die Reise anher zu machen.

Lebe wohl. Es wird sich sehr freuen Dich zu sehen

Dein

Dich liebender Bruder

F.

Aufschrift: Herrn Fichte:

Hierin 2. Ducaten   in   Meissen

Auf einer leeren Seite des 17. Briefes befindet sich ein Herzenserguß Gotthelf's, der in merkwürdiger Art beweist, wie Fichte seinen Bruder von Anfang an nur allzu richtig beurtheilt hatte, als er in seine ausreichende Entwicklungsfähigkeit einigen Zweifel setzte — ein Mißtrauen, dessen Richtigkeit sich bestätigt hatte, als der Professor den Schüler persönlich prüfte. (In welchem Monat Gotthelf nach Osmannstädt kam, ist nicht angegeben.)

18.

Das Glück ist sehr veränderlich. Als ich diesen Brief von meinem Bruder erhielt, so schätze ich mich für außerordentlich glüklich und dachte, von nun an sey mein Glük so fest gegründet, daß es gar nicht mehr wanken könnte. Und siehe! — nie wankte es mehr als eben da, denn dieses war der Anfang, zu meiner jetzigen mißlichen Lage: wäre ich nicht so zeitig aus Meißen weg gekommen, so hätte wohl etwas mit mir werden können. Ich hätte alsdann doch die Lateinische Sprache so ziemlich gelernt gehabt, hätte auch einen Anfang in der Französischen, und vielleicht auch in der

Griechischen gemacht gehabt, wäre zu einer weit gelegenern Zeit zu meinem Bruder gekommen, als ich so zu ihm kam, er hätte vielleicht, wenn er vom Anfang an eine bessere Meinung für mich gefaßt gehabt hätte, mich nicht so kalt behandelt, und ich wäre also auch nicht genöthigt gewesen, mich gegen ihn zurükzuhalten, und also hätte die Sache vielleicht ganz anders gehen können, als sie leider jetzt geht. Indessen ist es nun einmal nicht anders, und ich wenigstens kann die Sache nicht ändern, ich habe auch die Teufeleien nicht vorher sehen können. Gute Nacht.

Fichte.

Was Gotthelf hier noch zu seiner Entschuldigung anführt, hat um so weniger Grund, als er ja, wie aus den vorigen Briefen vielfach ersichtlich ist, selbst die Zeit nicht hatte erwarten können, wo er Meißen verlassen und nach Jena kommen durfte. Der trotz des bittern Ernstes fast komische Schluß aber bekundet doch den Humor und die ausreichende „Seelenstärke" (vgl. oben den 8. Brief), womit er die Enttäuschung zu ertragen und sich in einen andern Wirkungskreis zu finden vermochte. Dasselbe bezeugt der folgende Brief, der anderseits einen Beweis liefert, mit welchem Geschicke J. Gottlieb Fichte auch praktische Dinge zu behandeln wußte und mit welcher Energie er einige bei seinem Aufenthaltswechsel eingetretene Mißverhältnisse ordnete.

19.

Jena, d. 14. November. 95.

Deine Gesinnung, mein lieber Bruder, die in Deinem Briefe sich zeigt, freut mich, und ich wünsche Dir von Herzen Glük dazu. Auch ist es mir sehr angenehm, daß diejenigen, die Dich umgeben, gleichfals in die Lage sich geschikt haben.

An sich — ich gestehe es Dir aufrichtig — sehe ich auch

dabei kein Unglük, wenn Du Soldat würdest; es versteht sich auf einige Zeit. Wenn Du Dich appliciertest, könntest Du eine Unter Offizier, eine Fourier Stelle, u. s. w. erhalten: (nur wäre dabei zu wünschen, und nöthig, daß Du eine beßere festere Hand schriebest.) Auch dieser Stand giebt eine eigne Bildung, eine eigne Bearbeitung, eine Gefügigkeit in die Welt, die Dir besonders, so wie ich Dich kenne, sehr nüzlich seyn würde. Da aber allerdings dadurch Dein anderweitiger Plan aufgehalten würde, und was die Hauptsache dabei ist, da Du eine Abneigung gegen diesen Stand hast, so billige ich auch die Weise, wie Du Dich davon befreien willst. Ich würde Deinen Brief noch eher beantwortet haben, wenn nicht die Ueberlegung, ob ich Dir mit Vernunft jetzo die begehrten 30. Rthr schiken könnte, mich einige Zeit aufgehalten. Meine Lage ist die: Ich habe zwar eine gute Einnahme gehabt; aber durch Vergeßlichkeiten war eine solche Unordnung in meinem Hause eingerißen, daß ich an 100 rthlr. Schulden habe bezahlen müßen, auf die ich nicht gerechnet, und von denen ich kein Wörtlein gewußt; überhaupt, daß ich seit 14. Tagen über 200 rthr. Schulden bezahlt habe. Bedenke selbst welche Unordnung besonders der erste Umstand in einer Haushaltung verursacht, in der ich schlechterdings, es koste was es wolle, von nun an strenge Ordnung haben will. So unbedeutend nun 30. rthr. an sich mir seyn mögen, so sehe ich doch nicht mit Sicherheit vorher, daß ich sie, bis ich wieder Geld bekomme

* * *

Ich hatte den Brief so weit geschrieben, als mir eine unerwartete Schuld einging, die jenes deficit ersezt und mich in den Stand sezt, Deinem Begehren selbst zu willfahren. Ich mag den Brief nicht umschreiben; und so mag denn der Anfang stehen bleiben, um Dir einen Beweiß zu geben, daß Du nicht etwa unbedachter Weise auf mich rechnest. Ich wollte Dir rathen, die 30. thr. in Deiner Gegend, auf mein Wort zu borgen; allenfalls auch auf einen Wechsel von mir, zahlbar zur Jubilate-Messe. Ich kann es jezt baar schicken; und so ist es besser.

Aber so erneure ich denn auch meine Versicherung, daß auf mich gar nicht zu rechnen ist. Habe ich etwas übrig, so kann ich es dann wohl zum Vortheil der Meinigen anwenden; aber mein eignes Hauswesen in Unordnung bringen, oder mich in Schulden stefen, das thue ich jezt, und in Ewigkeit nicht. —

Ich hoffe, daß der Hauskauf schon gemacht ist. Mit der Werbung wird es nun wohl auch nicht mehr so große Noth haben, weil Sachsen Friede geschlossen hat.

Ein Wink, den Du mir über die Lage der Unsrigen giebst, betrübt mich: ärgert, und empört mich. Ich kann diese zanksüchtigen Menschen recht herzlich haßen. Es bleibt dabei, daß ich künftigen Herbst meinen Vater zu sehen hoffe, sehr darauf mich freue den lieben, guten, würdigen zu sehen: aber ich werde nie über eine Schwelle treten, innerhalb welcher es solche Menschen giebt.

Der Deinige

Fichte.

N. Sch. Ich denke Dir dieses Geld keineswegs zu schenken; sondern ich denke es Dir nur zu borgen: und es mag auf dem Hause, unter uns, stehen bleiben.

Beantworte mir doch nach genauer Erkundigung folgende Fragen: Sind bei Euch auf gute Art, und wohlfeil liegende Gründe zu erkaufen: z. B. Bauergüter, die von Hofdiensten frei gemacht werden könnten; oder beträchtliche Stüke von den herrschaftl. Gründen: Wir möchten es, um gewißer Ursachen Willen, gern wißen.

Meine Frau grüßt Dich herzlich; und dankt für Deinen Brief.

Aufschrift:

An Herrn
Samuel Gotthelf Fichte
in
Rammenau b. Bischofswerda

Inliegend 5 Stück Carolin. über Leipzig u. Dresden.

Die beigegebenen rührenden Zeilen Johanna's nehmen Bezug auf den am 29. Sept. erfolgten Tod des Vaters Hartmann Rahn.

20.

Ich kann doch den Brief meines Lieben Mannes nicht abgehen lassen, ohne Ihnen auch zu schreiben. Ich freue mich herzlich, daß Sie so glüklich angekommen sind, daß Sie alle Lieben so wohl fanden; und Ihr lieber Brief an mich, voll wahrer Lebensweisheit ist; Sie haben den wirklichen Punkt gefunden, um in der Welt glüklich zu seyn, halten Sie ihn ja fest, denn ohne diesen einzigen wahren Gesichtspunct, können wir nie glüklich sein.

Ich bin ziemlich wohl; aber der Verlust meines theuren, redlichen, mir unvergeßlichen Vaters, macht mich sehr betrübt; ich fühl auch besonders izt, seinen ganzen Werth, den ganzen Umfang seines edlen Herzens; wie grenzenlos Er mich liebte, was Er für ein herrlicher Mann war; wie oft sagte Er zu mir; ach wüßt ich nur was zu erfinden, um dem guten Fichte, ein glükliches Schiksahl, zu machen; auch hatte er mancherley Pläne, ihrenthalben entworfen, aber der Tod rafte ihn weg. Er wird nicht wieder zu uns kommen, zu ihm aber kommen wir. Das ist auch der einzige Gedanke, welcher mich einigermasen tröstet; und die freudige Ueberzeugung, daß ihm izt unaussprechlich wohl ist; Daß er nun schon so manches weiß, was wir nur hoffend glauben; daß seine Seele, erlößt von der gebrechlichen irdischen Hülle, nun ganz andre Vortschritte macht; was mag das für eine Freude gewesen sein, als er meine theure Edle Mutter wieder fand, die hatte auch ein Herz, wie man nur sehr wenige findt; auch nahm sein Verlangen nach ihr, mit dem Tode sehr zu, es war gleichsam, eine Vorempfindung, daß Er sie nun bald sehen werde. Ach theurer, Lieber Bruder laßen Sie uns Edel und groß sein, und im Guten, immer stärkere Vortschritte machen, damit wir auch zu diesen Edlen kommen. Gott sey mit Ihnen! Es liebt Sie von ganzem Herzen,

Ihre Schwester

Johanna Fichte

g. Rahn

Tausend herzliche Grüße, an die lieben Eltern, und Geschwister, mögen Sie Alle recht glüklich und braf sein.

Es folgen nun der Zeit nach eine Reihe von Briefen vom 8. Juni 1797 bis zum 9. December 1798 an den Bruder Gotthelf, die hauptfächlich auf Geldverhältnisse und Geschäftssachen sich beziehen, da Gotthelf und Gottlob ein Haus gekauft hatten und darin die Bandweberei betrieben, wozu Gottlob Fichte ihnen verschiedene Geldsummen schickte, wofür er sich einen Gewinnantheil ausbedungen hatte. Namentlich wollte er, daß davon seinem unermüdet thätigen Vater Etwas zu Gute kommen sollte. Von anderen seiner Verwandten scheint Fichte mitunter in nicht ganz zarter und bescheidener Weise in Anspruch genommen worden zu sein, so daß er ihnen zuweilen etwas derbe Zurück- und Zurechtweisungen ertheilt.

Beachtenswerth ist vorzüglich, wie eingehend Fichte sich nach den Specialitäten des Geschäfts erkundigt, die wandelbaren Werthe der verschiedenen Geldsorten in Anschlag bringt u. s. w., und wie er, der Philosoph, seinen Brüdern, den Geschäftsmännern, vielfach Rathschläge giebt. Man wird dabei an das Wort erinnert, daß der Philosoph auch der beste Schuster sein würde, sofern er nämlich prüft und entdeckt, worauf es ankommt, und also jede Sache, die er in Angriff nimmt, mit Verständniß und mit Erkenntniß des Zweckes behandelt.

Ich theile aus diesen Briefen nur mit, was als irgendwie charakteristisch von wirklich allgemeinerem Interesse sein kann, indem ich das rein Geschäftsmäßige und Kaufmännische übergehe und durch Punkte andeute.

21.

Jena, d. 8. Jun. 97.

Lieber Bruder,

Ich trug Bedenken, Dir das Geld geradezu durch die Post zu übersenden, weil ich das ungeheure Porto fürchtete, und wollte deswegen sehen, ob es etwa durch Wechselbriefe zu übermachen wäre. Ich erfahre so eben auf meine Nachfrage auf der hiesigen sächs. Post, daß

50. Carolins, oder 300 rthr. Sächsisch,

als soviel ich hierdurch übersende, nicht mehr als 30. bis 32. Gr. Porto machen, und dies halte ich denn doch für

Kleinigkeit, und trage kein Bedenken, auch diese Unkosten zu verursachen.

Ich erwarte mit umlaufender Post den Empfangsschein, weil ich nicht weiß, wie viel der kleinen Nebenpost, durch die das Geld zu erhalten ist, zuzutrauen werde.

Ich erwarte die Auszahlung von 4. pro Cent, welche ich selbst an meine Frau, deren Schwester dieses Geld gehört, aus meinem Beutel bezahle — abgeredeter Maaßen an meinen Vater, als eine kleine Pension — **ganz allein zu seiner eigenen Erleichterung bei seinem Alter;** besonders, daß er nicht mehr so schwere Lasten trage.

Du, und Bruder Gottlob steht mir für dieses Geld; und ich erwarte darüber des nächstens eine Verschreibung eures Vermögens; insoweit es dafür nöthig ist. Der Schein wird ausgestellt nicht auf 300. thlr. sächsisch, weil dieser Werth wandelbar ist, sondern auf 50. Stük neue französische Louisd'or. — Der Schein wird auf jährige Aufkündigung gemacht.

Ihr verwendet dieses Geld so, daß es so viel möglich auch meinen übrigen Brüdern mit zu Nutz komme: — es versteht sich, daß dies, da ihr beide allein mir dafür steht, nach eurer eignen Einsicht geschieht. —. . . . .

So viel über dieses Geschäft. Was den übrigen Inhalt Deines Briefs anbetrifft, so wäre darüber viel zu sagen. Was darin unsere Mutter anbetrifft, hat mich gerührt; und ich beklage die gute Frau. Gott, der ein anderes Gericht führt, als wir, wird ihr vergeben. Was Du von den übrigen Gliedern unserer Familie, den Vater, und Dich ausgenommen, sagst, hat mich befremdet. Diese drolligen Geschöpfe haben also geglaubt, daß ich, nach ihrem ehemaligen niederträchtigen Betragen gegen mich, noch Pflichten gegen sie hätte, über deren Beobachtung sie Richter wären, und nach denselben mich beurtheilen dürften? Daß ich jetzt durch meinen Besuch diese Pflichten gegen sie erfüllt habe, und daß nunmehr erst sie ihre Niederträchtigkeit mir verzeihen könnten?" und Du, mein besserer, und wie ich glaubte, vernünftigerer Bruder, trägst kein Bedenken, mir dies zu schreiben, als ob Du halb, und halb derselben Meinung zugethan wärest?

Grüsse mir herzlich den Vater, und lebe wohl.

Dein treuer Bruder

.... J. G. Fichte.

Indem ich den Brief schliessen will, fällt mir ein, daß es doch sichrer ist, ihn anderwärts hin, als nach Rammenau, zu abbressiren; und ich schike ihn daher durch Einschlag an Bursche zu Pulßnitz.

Das Specielle, was Fichte's Mutter betrifft, ist nirgends genau bezeichnet und kann deshalb nicht aufgeklärt werden. Nach einer Stelle am Schlusse des Briefes muß Fichte einige seiner Verwandten besucht haben; die folgenden Briefe aber lehren, daß er in Rammenau nicht gewesen ist.

Der nächste Brief ist nach dem bezeichneten Alter seines Sohnes, der am 18. Juli geboren wurde, vielleicht an demselben 11. October 1797 geschrieben, wie der an des Kindes Pathen Johann Erich von Berger gerichtete (II, 479), oder doch an einem der nächsten Tage.

22.

Mein lieber Bruder,

Ich habe bis jezt so viel Arbeit gehabt, daß ich nicht habe schreiben können. Deiner Bitte um Geld konnte ich nicht willfahren, weil ich das verlangte nicht entbehren konnte. Ich habe das Haus, das ich in Jena bewohnte, und welches Du kennst, gekauft. Das kostet mehr, als das Deinige. Nun ist das zwar nicht von meinem, sondern von meiner Frau Gelde geschehen: aber theils habe ich Vorschüsse machen müssen: theils lasse ich auch fortgesezt darin bauen, und dies geht von meinem Gelde. Da kannst Du nun berechnen, ob viel baares Geld bei mir seyn mag. Ferner, habe ich diesen Sommer Kindtaufe gehabt. Ja: es ist mir ein herrlicher, gesunder, starker Knabe gebohren, der jezt in die 13. Woche geht. Sage das unsern guten Eltern, die ich dadurch zu GroßEltern gemacht habe.

Ueber eine Reise nach Hause habe ich hin und her gedacht: aber es ist nicht möglich gewesen. Zeit ist mir das edelste Gut, und ich konnte ihrer für diesmal nicht so viel verlieren, als dazu gehört hätte. Gewiß versprochen habe ich es nicht. — Ich hoffe, es künftige Ostern möglich zu machen. Vertröste den guten, trefflichen Vater. Gewiß werde ich ihn sehen, und mehrmals, hoffe ich, sehen. Meine Frau will sich's nicht ausreden lassen, mich, mit ihrem Kinde, zu begleiten. Ich gestehe, daß ich dies in mancher Rüksicht nicht gern sehe; und auch das hat mich bisher abgehalten.

Ferner ist solch eine Reise unter hundert, und mehr Thalern nicht gemacht und auch diese habe ich nicht so geradezu zu verlieren. Die glückliche Zeit ist vorbei, da ich meinen Stab nahm, und zu Fusse ging, durch die weite Welt. Jezt bin ich allenthalben gefesselt.

Lebe recht wohl.   Dein treuer Bruder

F.

23.

Jena, d. 2. Jänner 1798.

Lieber Bruder,

Meine Frau hat es sich nicht wollen nehmen lassen, an unsern guten Vater zu schreiben. Es ist beiliegender Brief, den ich durch Dich überschike.

Es wundert uns nicht wenig, daß wir die Papiere über das übersendete Geld, die nach wenigen Wochen folgen sollten, nicht erhalten haben.

Br. Christian hat mir abermals geschrieben. Sein Brief traf zu einer Zeit ein, da ich ihm nicht antworten konnte, weil ich keine Zeit hatte. Auch jetzt habe ich sehr wenig Zeit: ich bitte also Dich, ihn zu benachrichtigen, daß es gänzlich ausser meiner Macht liege, ihm in seinem Begehren zu willfahren, und daß er eine völlig unrichtige Vorstellung von meiner Lage zu haben scheine.

Wie geht es euch allen, und wie geht es besonders Dir, und Bruder Gottlob bei eurem Unternehmen geht; ob ihr Hofnung habt, etwas vor euch zu bringen? — ob ihr auch dem Vater das accordirte gebt, und ob es ihm in der That

zu einiger Erleichterung dient? Besonders auf das letzte
wünsche ich eine bestimmte Antwort.

 Lebe recht wohl.   Dein treuer Bruder

              F.

24.

      Jena, d. 21. August. 98.

Mehrere Gründe haben mich verhindert, Deinen Brief
früher zu beantworten. Ich hoffe, daß es jetzt mit euerm
Unternehmen besser geht. Daß Ihr den Vater mit hinein-
gezogen, ist mir nicht ganz recht. Er hat nun gesorgt, und
gearbeitet genug, und meine Absicht war nicht, daß die kleine
Pension, die ich ihm zu geben vermochte, als ein Theil des
Handelscapitals betrachtet würde, sondern daß er sie in guter
Musse genösse.

 Nehmt euch ja in Acht, daß das Kapital nicht schwindet.
Es gehört, wie ich mehrmals gesagt, nicht mein; auch nicht
einmal meiner Frau, sondern einer armen unverheiratheten
Schwester derselben. Ich würde es ersetzen müssen, und,
wenn ich auch nicht sonst Ursache hätte, bedächtig mit dem
meinigen umzugehen, schon dadurch in die Unmöglichkeit ver-
setzt werden, euch weiter zu unterstützen.

 Aber ich habe Ursache, die Zeiten des Wohlstandes be-
hutsam zu nutzen. Meine Besoldung ist so gering, daß ich
durch sie kaum Holz und Licht bestreiten kann. Ich muß
von meiner Arbeit leben; und daß diese mir etwas eintrage,
hängt von dem Flor dieser Universität ab. Dieser aber
könnte in ein paar Jahren ganz sinken, denn schon jetzt hat

der Kaiser von Rußland alle seine hier studirenden Unterthanen, deren Anzahl sich bis in die 80. belief, zurükberufen, und es ist zu fürchten, daß andere Regierungen diesem Beispiele folgen.

Wenn einer von euch etwas vom Landbaue verstünde, so würde ich ihn zu mir nehmen und mir Ländereien ankaufen. So könnte ich es etwa mit der Zeit zum Besitze eines Rittergutes bringen. Aber auch dies kann ich vor der Hand nicht, weil ich nicht weiß, ob ich noch lange in diesen Gegenden bleiben werde. Ich habe nemlich Vocationen, die annehmbar sind, wenn Jena in Verfall kommt; bei denen ich mich aber verschlimmere, wenn die Lage bleibt, wie sie jezt ist. Kurz, mein ganzer Zustand ist schwankend.

. . . .

Die herzlichsten Grüße von mir und meiner Frau an Eltern und Geschwister. Dein

treuer Bruder
J. Gottlieb Fichte

<small>Die hier erwähnten Vocationen beziehen sich ohne Zweifel auf die beabsichtigte neue Organisation der Universität zu Mainz, bei der man Fichte in's Auge gefaßt hatte (I, 299 ff.).</small>

25.

Jena, d. 16ten 7br. 98.

Lieber Bruder,

Deine Briefe habe ich erhalten. Wenn Du, wie ich hoffe, diesen Brief zu rechter Zeit erhältst, d. i. wenigstens den 20sten dieses (Donnerstags) so sey den 21sten (Freytag) bei guter Zeit in Dresden, und frage mir im Gasthofe zum (goldnen glaube ich) Engel nach. Der Wirth heißt Eichhof. Bin ich etwa nicht da, so werde ich doch dort meine Abdresse lassen. — Richte Dich so ein, daß Du die Nacht von Hause abwesend seyn kannst, und sey gut angezogen, denn wir wollen den andern Tag wohin reisen.

Uebrigens sey ohne Sorge, und laß Dich ja auf nichts ein, ehe ich Dich gesprochen habe.

Meine Frau grüßt Dich, und die Eltern, so wie ich gleichfals

Der Deinige

F.

Was das Ziel und der Zweck der hier. verabredeten Reise war, ist unbekannt.

26.

Jena, d. 15. 8br 98.

Ich habe Deinen Brief erst diesen Augenblik erhalten und antworte sogleich indem ich nur noch ½. Stunde bis zu Abgang der Post habe. Daß Du den Donnerstag oder Freitag das Geld haben werdest, ist so ziemlich unmöglich, denn jezt ist Montag Abends.

Ich habe theils bis jezt mit meinen Laubthalern noch keinen vortheilhaften Wechsel machen können; theils wollte ich noch alles piano gehen lassen, bis wir Kunden haben. Ich habe darüber an einen Kaufmann, dem ich zugleich die Mustercharte eingeschikt, geschrieben. Die Aspekten für jeden Handel standen in Leipzig auf der Messe dsehr traurig. Um jedoch nicht Schaden zu machen, un den Credit auf die Wage zu setzen, schike ich sogleich Geld. Sollteft Du mehr brauchen, so schreibe mir.

Grüffe mir Eltern und Geschwifter herzlich.

Die Poft geht ab, und ich habe keinen Augenblik mehr Zeit. Ich werde Dir aber nächftens weitläufiger schreiben.

Dein treuer Bruder
F.

Auffchrift:

Herrn Samuel Gotthelf Fichte

zu Rammenau

frei p. Bischofswerda, über

...... Dresden.

Die folgenden Briefe vornehmlich zeigen uns den idealiftifchen Philofophen auch als praktifchen Gefchäftsmann.

27.

Jena, b. 26. 8br. 98.

Lieber Bruder!

Ich möchte, daß Du noch vor der Frankfurter Meffe einen Brief von mir hätteft, damit Du allenthalben Deine Maasregeln darnach nehmen könnteft, drum schreibe ich Dir jezt.

Das nothwendigfte zuerft. Die Muftercharte habe ich an einen gewiffen Kaufmann in Eifenach gefchikt. Er hat mir geantwortet, daß ich mich nicht beffer hätte abdreffiren können, als an ihn, daß er in einiger Zeit nach Jena kommen und mit mir mündlich weiter aus der Sache fprechen werde; daß die Waare zwar gut gearbeitet — dies bezieht fich wohl befonders auf die Schurichfchen Wollen

Proben, die noch jedermann, der sie bei mir gesehen, äusserst wohlgefallen haben, — daß sie aber viel zu theuer sey. Ueber den lezten Punct erwarte ich seine weitere Erklärung, und Deine Antwort, ob sie, im Falle einer grossen Lieferung, wohlfeiler abgelassen werden könne. Ich habe au unserm soeben gewesenen Jahrmarkte meiner Frau den Auftrag gegeben, sich in den Bandbuden umzusehen, Preiß, und Güte der Waaren zu erkundigen, und zu erforschen, woher die Kleinhändler ihre Waaren beziehen. Da hat nun meine Frau 3 Stükel (das Stük hält 16. Ellen und das Band 24. Faden.) schmales weisses Band (doch nicht so schmal als unsere Pfennigschnür) für 8. Gr. gekauft, und erfahren, daß hier herum alles aus Erfurt gezogen wird, wo sich bis 15. grosse Bandfabriken befinden sollen, deren Unternehmer viele hunderttausend im Vermögen hätten (sagen nemlich die Kleinhändler). So habe ich selbst auf der Leipziger Messe eine mächtige, und sehr gut gefüllte Erfurter Bude (sie steht mitten auf dem Markte) gesehen. — Es ist mir selbst warscheinlich, daß die Erfurter das Garn wohlfeiler haben, als es in unserer Gegend ist, indem in dem Erfurter Gebiet viel gesponnen wird, aber sonst keine Leinweberei ist, und die Lebensmittel gar wohlfeil sind. Auf diese Vergleichung bezieht sich vielleicht des Eisenacher Kaufmanns Ausspruch. Ich werde über alles dieses mich näher erkundigen. Alle diese Umstände nun rathen uns vor der Hand gar sehr das piano gehen an; denn was hilft es eine Menge Waare zu verfertigen, wenn man nicht den Preis halten kann, und sie verschleudern kann.

Kurz — über alles dies werde ich sehr genaue Erkundigungen einziehen; ebenso, wie über den muthmaaßlichen Erfolg des Beziehens der Leipziger Messe. Sehen wir nicht die Möglichkeit, etwas dort zu machen, vorher ein, so rathe ich nicht dazu: denn die Unkosten einer solchen Messe mögen, nach den Klagen aller Kaufleute, und nach der unverhältnißmässigen Theurung aller Waaren in Leipzig gegen andere Meßorte, (z. B. Naumburg, unsern Jahrmarkt) wozu die Krämer geradezu dies als Grund anführen, sehr gros seyn. Eine Bude zwar ist, an einem sehr vortheilhaften Platze, besprochen. Das Standgeld beträgt die Messe über nur 12 Gr. aber eine Bude müste angekauft werden.

. . . .

Wechselbriefe kann ich nicht schiklich bekommen. Dresden ist viel zu wenig Handelsort.

Auf Leipzig kann ich sehr leicht assigniren. Jezt zu andern Punkten.

. . . .

Grüße Eltern, und Geschwister, und lebe recht wohl.
Dein treuer Bruder
F.

b. 3. 9br.

Dieser Brief ist, um meiner vielen Geschäfte willen, liegen geblieben. Ich hoffe aber, daß du ihn noch vor der Messe erhältst. . . . . . .

28.

Jena, b. 18. 9br. 98.

Lieber Bruder,

So eben lehre ich meine Chatoulle bis auf den Boden,

in welche ich alles Gold und sächsische Geld, das ich seit meiner Rükkehr eingenommen, geworfen, und noch überdieß wechseln lassen, und finde nicht mehr, als das auf beiliegenden Zettel bemerkte, ...
. . . .

Ueberhaupt, — plagt mich das Geldschiken bloß um der nicht beizutreibenden Geldsorten willen; aber, sobald etwas nothwendig gebraucht wird, oder wo ein Vortheil zu machen ist, so schreibe ja sogleich. Ich kann Dir vieles, was ich versprochen hatte, heute nicht schreiben, weil ich in Arbeiten vergraben bin. Ich werde bei der ersten Gelegenheit, da ich ein wenig freie Luft habe, schreiben.

Melde mir ausführlich, wie Deine Messe abgelaufen. Die Aussicht für den Handel ist überhaupt höchst betrübt, durch das schändliche Verfahren der Engländer, und die Dummheit der Deutschen. Ich habe wieder etwas aufgetrieben, das unserer Bandfabrik vielleicht Kunden verschaft.

Ferner habe ich vor einigen Tagen eine Sammlung von physikalischen Experimenten in die Hände bekommen, die ich dir bei Gelegenheit zusenden werde. Es ist da manches über Färberei, wovon ich nicht weiß, ob es Dir nützen kann; aber es ist da ein Rezept zu schnellen Bleichen, das einige Anlage, und etwas Menschenverstand erfordert, und Dir gewiß nüzlich seyn könnte. Ich werde es selbst noch besser durchdenken, und dann mit meinen Bemerkungen es Dir schiken; kaufe daher nur nicht so viel weisses Garn, sondern rohes.

Ich habe noch mancherlei sehr sichere Gedanken zur

Verbesserung der Bandfabriken, von denen ich nur zweifle, ob ich sie Dir schriftlich vortragen kann. Hierüber ein andermal.

Die alte Uhr ist, glaub ich des Postgeldes nicht werth. Sonst konnte ich sie durch Schütteln, und Rütteln zum Gehen bringen; da ich sie das leztemal sah, half auch dieses Mittel nicht mehr. Beruhige den guten Vater. Eine Uhr soll er sicher von mir bekommen; ob es grade die aus dem alten Eisen seyn wird, kann ich nicht versprechen. Lebe wohl, und grüsse Eltern, und Geschwister. Dein treuer Bruder

J. G. F.

Du schreibst in Deinem lezten Briefe, daß Du 90 Thlr. in Frankfurt zu bezahlen habest. Und da möchte denn meine Frau, der dies auffiel, wissen, wofür? — und ich möchte es auch wissen.

Aufschrift:
Herrn Samuel Gotthelf Fichte
zu
Rammenau
. . . . über Dreßden, und Bischofswerda

29.

Jena, d. 4. Xbr. 98.

Der Kaufmann, dessen ich neuerlich erwähnte, Hr. Streiber, ist hier gewesen. Es hat sich ergeben, daß derselbe selbst eine Wollenbandfabrik hat. Sein Tadel der zu großen Theure bezog sich auf die wollenen Bänder. Er könne sie weit wohlfeiler liefern. Er versende sie, — und habe ehemals auch leinene aus Elberfeld — nach der Schweiz, Italien, Spanien. Er wolle, wenn wir die **Preise halten** könnten (woran er zweifle,) uns welche abnehmen. Vorläufig soll ich **beiliegende Proben** überschiken: und Du sollst die beiden bemeldeten Fragen beantworten. Thue dies nur — aber nicht mit Deiner gewöhnlichen **schlechten** Schreiberei, denn das flöst keinen Respekt für den grossen Fabrikanten ein — auf dem beiliegenden Zettel selbst. Die Proben sollen zurükgesandt werden. Du mußt Dir sonach die Muster **merken**. Ist der Preis acceptabel, so will er auf diese Sorten Bestellung machen. — Nun sehe ich freilich, daß beide Proben viertrittig sind, und in der B. auch wollenes Garn ist. Du wirst sie also schwerlich machen können. Aber doch möchte ich nicht, daß wir gleich die erste Bestellung abweisen müßten. Es ist um der Zukunft willen. Stühle mit mehreren Tritten wirst Du ohnedies anlegen müssen, wenn ich Dir Kunden verschaffen soll. — Antworte hierauf sobald Du kannst. Es ist mir hierbei folgendes eingefallen.

1.). Streibers Bänder, von denen ich Dir nächstens eine Mustercharte, und Preistabelle zuschiken werde (da wirst Du zugleich sehen, wie eine **Mustercharte aussehen muß**, und dergl. mußt Du Dir zulegen) sind weit dünner, und ich glaube im ganzen viel schlechter, als **Schurigs**, aber sie nehmen sich viel besser aus; sie sind sehr schön gefärbt, und wohl zugerichtet. Ob sie viel wohlfeiler sind, wirst Du sehen; ich vermuthe; denn Streiber sagt mir, daß sie auf Mühlen verfertigt werden, die zum Theil bis 30. Gänge haben. Vielleicht nun könntest Du dergleichen in Deiner Gegend, und zu Frankfurt häufig absetzen, etwas darauf verdienen, sie creditirt bekommen, und mit leinenen Bändern Deiner Fabrik bezahlen. Dies wäre, scheint es mir, ein profitabler Handel. Sobald ich Dir die Muster=charte zugeschikt haben werde, nimm darüber Deinen Entschluß.

2.). Ich habe neulich Gelegenheit gehabt, einem Grie= chischen Kaufmanne zu Chemnitz einen Dienst zu erweisen, den er mir hoch anrechnet. Ich werde ihm dafür auftragen, uns Kunden für Bänder zu verschaffen. Halt daher eine Mustercharte in Bereitschaft.

3.). Kann ich durch Streibern genau erfahren, wie u n s r e Preise sich zu den Preisen anderer Bandmacher, z. B. der Westphälischen, Erfurter, u. s. f. verhalten, und wo etwa ein Vortheil zu machen ist. Er hat nach Proben, Prei= sen, Garnpreisen geschrieben. Er glaubt, daß die B r a u n= s c h w e i g e r Garne wohlfeiler seyen, als die, deren Du Dich bedienst. Wäre dies beträglich, so könnten wir ja dergl. kommen lassen, indem der Transport doch so gar viel nicht ausmachen kann. Berechne daher, wie hoch Dir, in der Regel 100 Ellen Dresd. (so müssen wir rechnen, denn Weife, Gebind, und dergl. ist verschieden, und giebt keinen gemeingültigen Maasstab) w e i s e s Garn, und r o h e s G a r n kommen; ferner, wie viel ein Geselle die Woche, wenn er fleißig ist, verdienen kann, (auch dies müssen wir so berechnen) und melde mir dies; damit ich einen Ueber= schlag machen, und sehen kann, wo etwas zu ersparen ist.

Soviel für jetzo.

Grüße Eltern, und Geschwister, und lebe wohl. Dein treuer Bruder F.

Mit dieser sorgfältigsten Pünktlichkeit behandelte er die Geschäftsdetails selbst noch zu einer Zeit, wo ganz andere Angelegenheiten seine Thätigkeit in Anspruch nahmen — nämlich der bekannte Atheismus-Streit, den er im folgenden Briefe mit prächtigem Humor bespricht.

30.

Jena d. 9. Xbr., 98.

In diesem Augenblike nur das höchstnöthige. Ich werde sehen, ob ich zu diesem Briefe zurük kommen kann.

. . . .

2.). Meine Einnahmen, die ich der Compagnie bestimme, sind ziemlich unsicher. Sie hängen davon ab, ob ich künftigen Sommer ein oder mehrere Bücher schreibe; ob ich durch Reisen viel verthue, und dergl.: Doch — ein halbes oder ganzes Hundert kann ich im Fall der Noth immer herbeischaffen.

. . . .

Darnach nimm nur Deine Maasregeln. Denn in diesen Detail hineinzugehen, vermag ich nicht, weil ich dies nicht genug verstehe.

3.). Wegen des Standes einer Bude, (keine Bude selbst, diese müßte besonders angeschaft werden) ist mir etwas über die Topographie von Leipzig entfallen, darüber ich aber warscheinlich allhier selbst Auskunft erhalten kann.

b. 5. Jänner. 99.

So lange ist dieser Brief liegen geblieben, weil mir unsre guten Landsleute, die Churfächsischen, Beschäftigung vollauf gegeben. Ich habe seitdem über den Plaz der Bude mich erkundiget. Er ist gelegen.

Von Hrr. Streiber habe ich beiliegende Westphälinger (Elberfeldische) Leinenband Proben, und Preistabelle erhalten; die ich Dir zur Einsicht und Berechnung, ob wir Preis halten können, mittheilen soll. Die Preistabelle lautet zu deutsch: N. 12 (bezieht sich auf die beiliegende Mustercharte) das Duzend Stükel von 19. Pariser Ellen 5. Livres (Ein Livre ist 6 Gr. sächs. wenn der Laubthaler 1 Thlr. 12 Gr. sächs. steht,) daß also von der geringsten Sorte 19 Ellen 60 Pf. kämen. Die zweite Ziffer z. B. N. 14. — 5 Livres, 10 — bedeutet sous, und der Livre hat 20 sous. und nun kannst Du selbst berechnen. Ich sehe klar ein, daß u n s r e Bänder viel wohlfeiler sind. Nur arbeiten wir blos g l a t t e, und wie diese m o d e l l i r t e n gemacht sind, sehe ich gar nicht ein, und glaube, daß wir sie nicht machen können. Jedoch dürfte mir es etwa auch da gehen, wie mit den Herrnhuter Bändern, wo ich meinen Bandverstand garstig blamirt habe.

Zum Hauskauf wollte ich jetzo, ob mir gleich der Gedanke mit dem Beigute nicht mißfällt, nicht rathen; wenn Du nicht etwa sonst woher ein starkes Capital auftreiben kannst. Es wird immer möglicher, daß sich mein Aufenthaltsort verändert, und daß ich dann selbst Geld bedürfte.

Meinen Vorschlag eines Tauschhandels hat Streiber mit Freuden aufgenommen, aber noch nicht s e i n e Mustercharte eingeschikt.

Proben eines Handelsbuches, einen Contract, und dergl. soviel mir auch natürl. selbst daran liegt, kann ich gegenwärtig nicht einschiken. Ich habe wohl andere Dinge zu denken. Dies muß warten auf ruhigere Zeiten.

Sollte nicht auch in der Lausitz der Ruf erschollen seyn, daß die Churfächs. Regierung mich für einen Atheisten erklärt habe, und daß ich wenigstens zu Asche verbrannt, und dann des Landes verwiesen werden würde? Ich sage das nur deswegen, damit, wenn bei Euch das Gerücht erschallt, ihr, und besonders unsere guten Eltern nicht erschreken. Es wird so schlimm nicht werden. In vier Tagen oder 8. erhaltet ihr eine vorläufige Vertheidigungsschrift an das Publicum. Nun hat zwar der Churfürst, nicht zufrieden, mich in seinem Lande verschrieen, und meine Schriften confiscirt zu haben, mich auch noch bei meinem Herzoge verklagt, und ich muß nun auch da mich vertheidigen. Aber ich denke, es soll mir auch hier nicht schwerer fallen, als dort. — Dies zur Nachricht, wenn man bei Euch schon etwas weiß. Weiß man aber nichts, so seyd ihr nicht die ersten, die es ausbreiten; denn Geräusch, und Lärm ist nie gut.

Lebe recht wohl.

F.

N. Sch. Wegen der Appretur habe ich bei unserm Professor der Künste erkundigt. Das was jene Fabricanten haben, wird allerdings Leim seyn, und zwar, wie er in den Läden heißt: Fischleim. Er wird aus den feinsten Schafknochen gekocht, und ist theuer; kann aber sehr vermischt, und sparsam gebraucht werden. Der Professor redete von Selbstkochen; welches mir aber keineswegs einleuchtet.

Deine leztern Briefe gefallen mir. Sie sind gründlich, klar und gesezt.

Der nächste Brief ist ohne Datum. An wen der darin eingeschlossene Brief gerichtet war, ist nicht bekannt.

31.

Meine Arbeiten haben mich absolut verhindert, eher zu schreiben, und auch noch jezt muß ich kurz seyn.

1.). Meiner Frauen Geld aus der Schweiz ist nicht beizutreiben, indem der Schuldner die Waaren, für die er schuldig ist, noch nicht verkauft haben will, mit Schaden verkauft haben will, und dergl.

2.). Was wir gegenwärtig aufbringen konnten, hast Du; ob und wenn ich wieder etwas auftreiben werde, da es mir ziemlich schlimm geht, ich meine meisten Schriften größtentheils an die Verleger verschenkt habe, und selbst das, was man mir schuldig ist, nicht beitreiben kann — da ferner unserer Universität wohl schlimmere Zeiten bevorstehen möchten, — weiß ich nicht. Du mußt daher alle Erweiterungspläne aufgeben, und blos zu behaupten suchen, was Du hast.

3.). Es folgen die Proben, und Preistabelle der Streiberischen Bänder. Die Preise, welche schon jezt niedriger seyen, als die eurigen, würden nächstens noch herunter gehen, schreibt Streiber.

4.). Beiliegender Bindfaden ist ein Pariser Stab, der auf der Probe und Preistabelle der Elberfelder Bänder gemeint ist. Es heißt im Originale aune (sprich Ohne) de Paris. — und ich habe den Fehler gemacht, indem aune sonst eine Elle heißt.

5.). Streiber hat schon vor länger als 8. Wochen bei-

liegende Bestellung gemacht: — um einen **Anfang zu machen**, um zu sehen wie die Waare im Stüke ausfällt, schreibt er. — Ich habe dies lächerlich gefunden, um eines Duzend Willen anzuscheeren: und daher die Bestellung Dir nicht eher geschikt, und ihm nicht geantwortet. Thue jezt, was Du willst. Die Fracht (von 1. Duzend Stükel!) will er tragen. Ich halte Streibern für einen Narren
Lebe wohl, und grüsse herzlich Eltern, und Geschwister.
Den beigeschloßenen Brief gieb sogleich auf die Post. Der arme Teufel, der mich dauert, dem ich aber nicht helfen kann, erwartet Antwort.

Dein treuer Bruder
J. G. Fichte.

In Folge der erwähnten Anklage ging Fichte Anfang Juli 1799 nach Berlin und kehrte erst zu Ende des Jahres zurück, um mit seiner Familie ganz dahin überzusiedeln (I, 309 f. II, 277. 284). Unterdeß war sein vertrautester Bruder Gotthelf gestorben, weshalb der nächste Brief an denjenigen unter seinen Brüdern gerichtet ist, der ihm nach jenem der liebste war, nämlich Gottlob.

32.
Jena, d. 20. Februar. 1800.

Lieber Bruder,

Was Du mir in Deinem leztern Briefe über die Aufführung unsers verstorbenen Bruders meldest, will ich vor der Hand auf sich beruhen lassen.

Daß, in Absicht der Hanthirung, und meiner Forderungen, alles von allen Seiten verworren genug ist, ersehe ich gar deutlich: was aber meine Anwesenheit in Rammenau dabei fruchten könne, nicht. Auch ist, Deinem letztern zu Folge, unsre Zusammenkunft bei Deiner Frankfurter Reise von Schwierigkeiten begleitet, welche die Vortheile, die ich mir davon verspreche, wohl niederwiegen möchten. Ich gebe also diese Zusammenkunft auf, indem ich einen andern Versuch mache, ins klare zu kommen.

Dieser Brief trift Dich ohne Zweifel noch vor Deiner Abreise nach Frankfurt; mich aber trift keiner von Dir mehr in Jena; indem ein blosser Zufall mich noch diesen Monat hier zurükgehalten, und verhindert hat, nach Berlin zu gehen, wohin ich längstens binnen 14. Tagen mit meiner Familie auf immer abgehen werde.

Dein getreuer Bruder
J. G. Fichte.

Aufschrift:
An Joh. Gottlob Fichte
zu
Elster.

Fichte wurde sodann zum Professor in Erlangen ernannt, wo er aber nur im Sommer 1805 lehrte, weil 1806 die kriegerischen Ereignisse ihn anderwärtshin führten, während gleich von vorn herein bestimmt worden war, daß er im Wintersemester in Berlin Vorträge halten durfte. Von da aus ist der folgende Brief seiner Frau geschrieben, in welchem sie in diesen gefahrvollen Zeiten auf zartfühlende Weise sich für ihre und ihres Kindes Zukunft besorgt zeigt. Das erwähnte Unwohlsein Fichte's war eine heftige Kolik (II, 405).

33.

Berlin d: 26: Jenner 1806:

Theure Eltern, ich bitte Sie um eine Gefälligkeit daß Sie nämlich die Güte hätten mir bey dem Prediger meines

Lieben Mannes Taufschein auszuwirken, denn da ich in die hiesige WitwenCaaße legen will, so brauch ich ihn dazu unumgänglich ich laße mir zu dem Ende hin Geld aus der Schweiz kommen, welches ich noch da stehn habe; mein Mann weiß nichts davon daß ich in die WitwenCaaße lege, denn es scheint mir sehr unherzlich mit meinem guten lieben Mann davon zu reden, wovon man nach seinem Hinsterben leben solle, und darum rede ich nicht darüber, sondern danke Gott daß mir noch etwas Geld geblieben ist, damit ich es selbst bestreiten kann; auf der andern Seite halt ichs für meine Pflicht zu thun, denn die Menschen sind sterblich, und auch ich bin sterblich, was sollte denn aus unserm armen Kinde werden? sterbe aber auch ich, so bekommt unser Kind, bis in sein 25. Jahr, die Hälfte von dem, was ich als Witwe bekommen hätte.

Ich bitte Sie mir den Taufschein gleich anfangs des künftigen Monaths zu schiken, denn sonst muß ich wieder ein halbesjahr warten, und den Brief an mich zu addressieren, weil ich Ihnen die Gründe warum mein Lieber Mann nichts davon weiß, schon gesagt habe.

Wenn Sie lieber Vater keine Zeit, noch Lust haben mir zu schreiben, so schleben Sie's doch ja nicht auf mir den Taufschein zu schiken, sondern schiken ihn mir nur ohne Brief.

Ich habe Ihnen vor etlichen Monathen geschrieben, haben Sie meinen Brief erhalten?

Mein Lieber Mann grüßt Sie alle herzlich; er ist izt Gottlob wieder wohl, war es aber vor einiger Zeit nicht; bei dieser naßen ungesunden Witterung sind hier viele Menschen krank, und sterben auch eine Menge.

Unser Hermann, der Gottlob gesund ist, empfiehlt sich seinen Lieben Groß Eltern.

Leben Sie wohl, Gott sey mit Ihnen, ich grüße alle welche sich meiner errinnern freundlich, und bin von Herzen Ihre

Fichte. g: Rahn.

Aufschrift:
Herrn Fichte dem Vater

zu

Rammenau
Bey Dresden.

frey

Im October 1806 wich Fichte mit dem Geheimrath Hufeland, wie sämmtliche Behörden und alle Männer von Ansehen, vor den siegreichen Feinden aus Berlin und ging nach Königsberg, wo ihm provisorisch eine Professur zugewiesen wurde; während seine Gattin zur Hütung des Hauses zurückblieb, dann aber nachfolgen sollte, als sein Aufenthalt in Königsberg dauernd werden zu wollen schien. So schmerzlich aber war ihr die Trennung von ihrem geliebten Manne, daß sie trotz ihrer starken und duldungswilligen Seele darüber im November in eine ernstliche Krankheit verfiel (I, 374 f.).

34.

Berlin d. 13: Feb: 1807.

Theure Eltern, so eben erhalte ich den Brief aus Elstra, ich eile sogleich Ihnen Nachricht von uns zu geben, und addressiere den Brief an Sie, damit Sie geschwinder Nachricht erhalten; mein Lieber Mann ist vor Ankunft der Franzosen hier, nach Königsberg, mit einem Freunde verreist, und hat dort eine Profeßur bis zur Wiederherstellung der Ruhe erhalten, und lißt Collegien; die lezte Nachricht von ihm ist, daß er Gottlob gesund ist; ich erhalte leider sehr wenige Briefe von ihm, und kann nur selten schreiben, weil die dorthin gehend. Posten nicht gehn: Sie stellen Sich meine Lage vor; ich wollte gleich mitreisen, wurde aber aus manchen Ursachen zurükgelaßen, mit unserm Kinde; nun wünscht mein Mann sehnlichst daß ich nachkomme, es hat aber bis izt noch nicht sein können, weil ich keinen Pas bekommen konnte, weil die Straßen nicht sicher sind, und andres mehr auch weil die Reise viel kostet.

Dieses Zurükbleiben ist die Ursache, daß ich töblich krank gewesen bin, nun mich aber Gottlob wieder erhole: ich stand viel Angst aus, durch die Zeitumstände, grämte mich, hat viel Sorgen, und Verdruß, so daß ich troz alles Quämpfen darnieder geworfen wurde; mein Schmerz war um so viel größer, da ich unser Kind unter Fremde zurüklaßen mußte, wenn ich gestorben wäre. Gott hat mir wieder geholfen, und wird auch weiters helfen, deßen tröste ich mich. Ich werde zu meinem Mann reisen, so bald es nur immer möglich ist und Ihnen vor meiner Abreise noch gewis schreiben.

Der Gnädige Gott sey mit Ihnen und schüze Sie vor jeder Gefahr, dieses wünscht von ganzem Herzen, Ihre Sie herzlichliebende Johanna Fichte.

Ich franciere diesen Brief nicht, damit er sicher gehe, und grüße Alle alle von ganzem Herzen.

Aufschrift:
  Herr Fichte der Vater
        zu
          Rammenau
  nahe bey Dresden.

Ende August 1807 kehrte aber Fichte selbst nach Berlin zurück, wo er alsbald, im September, von Beyme aufgefordert wurde, sein Nachdenken auf die zweckmäßigste Ausführung des Plans zu richten, in der Hauptstadt eine Universität zu gründen, — ein Auftrag, der ihn bekanntlich zu jenem originellen Organisations-Vorschlag einer „Kunstschule des wissenschaftlichen Verstandesgebrauchs" veranlaßte, der leider unausgeführt blieb. Fichte aber hielt im Winter 1807—8 seine Reden an die Deutschen, die er sogleich auch durch den Druck veröffentlichte. Sie sind die Schrift, von welcher er in einem ferneren Briefe spricht.

35.

Berlin, d. 10. May. 08.

Lieber Vater,

Schon vorigen Winter, sogleich nach dem Eintreffen Ihres Briefes an meine Frau, hatte ich Ihnen geantwortet. In Hofnung, daß bis dahin in unsrer gemeinschaftlichen Lage einige vortheilhafte Veränderungen vorgehen würden, hat meine Frau bis jezt diesen Brief nicht abgehen laßen.

Das einzige vortheilhafte, was seitdem vorgefallen, ist die ziemliche Wiederherstellung meines Herrmann. Es war derselbe damals durch einen Fall auf das Knie an dem Einen Beine ganz gelähmt, und hat, bei übrigens vortreflicher Gesundheit, 10. Wochen im Bette liegen müßen. Jezt geht er wieder; nur noch nicht auf Steinpflaster; es wird, was die Hauptsache ist, keine Folge übrig bleiben. Ich befinde mich dermalen mit ihm, und meiner Frau, die nach einem sehr harten Krankenlager im Jahre 6. den ganzen vorigen Winter gekränkelt, und vor einer Woche wieder recht ernsthaft krank gewesen, auf ein paar Wochen auf einem Gesundbrunnen bei Berlin, um sie alle wiederherzustellen, und mit frischen Kräften in den beginnenden Sommer einzutreten.

Ich für meine Person bin immer gesund, und kräftig gewesen. Man organisirt an einer allhier zu Berlin zu errichtenden Universität; mir sind die bedeutendsten Aufträge in dieser Rüksicht ertheilt worden.

Ich hatte erst den Vorsatz diesen Sommer in Dresden mit Frau und Kind zuzubringen; hatte auch schon an Fritsche über die zu treffenden Vorkehrungen geschrieben; auch von meiner Behörde den Urlaub dazu eingeholt. Ich sehe aber, daß es für wichtige Zweke beßer ist, wenn ich hier bleibe, und Kollegia lese, und ich bin entschloßen, dem allgemeinen Besten dieses freiwillige Opfer zu bringen.

Auch hatte ich, nachdem jener Plan schon aufgegeben war, den Vorsatz in dieser ersten Hälfte des Mäy für meine Person allein (eine Reise mit Frau und Kind ist unter den jetzigen Umständen, da die ehemals begütertsten leiden, für mich zu kostspielig) Sie zu besuchen. Die Krankheit meiner Frau, die unter solchen Umständen nicht ohne eine nachtheilige Gemüthsbewegung mich von sich laßen würde, hat auch diesen Plan vereitelt; wie die gegenwärtige Kurzeit vorbei seyn wird, werde ich durch meine Vorlesungen an Berlin gefeßelt seyn. Ich hoffe jedoch im Herbste Ferien zu finden und vielleicht erlaubt es sodann der öffentliche Wohlstand Frau und Kind mit zu bringen.

Ich gebe soeben Ordre an meinen Verleger, daß Ihnen meine neueste Schrift von Leipzig aus überschikt werde. Ich habe diesmal nicht über so viele Exemplare zu befehlen, daß ich auch an den Herrn Pastor Wagner, den ich herzlichst zu

grüßen bitte, eins beilegen könnte. Sie leihen es ihm vielleicht zum Durchlesen.

Unser aller herzlichste Grüße an Mutter, und Geschwister.

[Von Johanna Fichte:]
Ich grüße Sie theure Eltern von ganzer Seele und empfehle mich Ihrem Andenken.

Gott schenkt mir izt wieder Gesundheit, worüber ich mich freue, da es bey unserm Guten theuren Fichte sein kann. Leben Sie wohl, Ihre

Johanna F.

Von ihrer und ihres Sohnes Krankheit schreibt auch Johanna Fichte in einem Briefe an Charlotte von Schiller (II, 408 vgl. 470). — Die beabsichtigte Reise in die Heimath unterblieb; denn Fichte selbst erkrankte, wie der Biograph sagt, „im Frühling des Jahres 1808" (I, 426) oder, wie Fichte's Gattin schreibt, „seit Mitte Juli" (II, 408) oder, wie er selbst im nächstfolgenden Schreiben sagt, „im August". Es war eben eine langsame, wohl allmählich sich entwickelnde Krankheit, die in rheumatischen Lähmungen nebst schmerzhaften Augenentzündungen bestand und deren Nachwirkungen selbst der wiederholte Gebrauch des Teplitzer Bades nicht gänzlich hob.

36.

Berlin, d. 10. März, 1809.

Ich bin, mein theurer Vater, nicht ohne Sorge über Ihrer aller Befinden, auch ob Sie meinen lezten Brief vom Mäy vorigen Jahres nebst dem überschikten Buche erhalten hätten, gewesen, bis Ihr leztes Schreiben vom 6ten Februar, das aber bei mir sehr spät eingelaufen, und vermuthlich in Pulßnitz über 6. Wochen gelegen, mich darüber beruhigt hat.

Ich trug den Vorsatz den Sommer vorigen Jahres einen Abstecher nach Dreßden zu machen, und hierbei auch Sie nebst den meinigen zu besuchen. Besonders eine Krankheit, die den August v. J. anhob, und von der ich erst jezt mich zu erholen suche, bei der ich niemals in Lebensgefahr gewesen, übrigens aber hart mitgenommen worden, hat mich daran verhindert. Dermalen erwarten wir hier die Rükkehr unsers guten Königs, und der Regierung. Ich werde diesen Sommer kaum meine gewohnte Thätigkeit wieder anfangen können. Vielleicht schiken mich die Aerzte zur Wiederherstellung meiner Gesundheit in Bäder, und auf Reisen; und so hoffe ich denn diesen Sommer den Besuch bei Ihnen nachzuholen, den ich den vorigen versäumt habe.

Frau und Kind befinden sich wohl. Die erstere denkt Ihrer alle Tage, nicht ohne Sorgen, besonders wegen des befürchteten nahen Ausbruchs eines neuen Kriegs, der zunächst die dortige Gegend treffen könnte. Ich hoffe aber fest, daß die Oesterreicher durch musterhaftes Betragen sich der großen Angelegenheit, für die sie kämpfen, würdig machen, und dadurch die von jedem Kriege unabtrennlichen Uebel sehr mildern werden.

Näher gehen mir die Uebel, die Sie schon erlitten haben, und die Folgen davon. Obwohl der König für mich, und andere außer Dienst gekommene Gelehrte alles thut, was die eigne beschränkte Lage des Staats verstattet, so bin ich dennoch durch eine dreivierteljährige Krankheit, in der ich nichts habe arbeiten (es wird darum zu Ostern nichts von mir erscheinen) noch verdienen können, dagegen ungewöhnlich hohe Ausgaben gehabt, in Umstände gekommen, daß ich dermalen baares Geld nicht entbehren kann. Aber Bruder Gottlob hat seit dem Jahre 1805. keinen Termin abgetragen; auch hat er seitdem kein Lebenszeichen von sich gegeben, und keine Anfrage an mich ergehen lassen; ob ich etwa die Fortsetzung der Zahlungen verlangte. Wie es mit Abtragung der bedungenen Zinsen an Sie von jeher gehalten worden, ist mir gleichfalls nicht unbekannt. Ich hoffe daher nicht, daß es ihn übereilen heißt, wenn ich von ihm fordere, daß er so schleunig als möglich einen Termin von 50. Rthlr. an Sie auszahle.

Die meinigen grüßen herzlichst. Ihr Sohn
Fichte.

Auf die Hoffnung, die sich Fichte von den Oesterreichern machte, nimmt Adalbert von Chamisso in einem 1808 aus Berlin an Friedrich de la Motte Fouqué gerichteten Briefe Bezug mit den Worten: „Der alte Fichte ist wieder hier Er baut sehr auf die Oestreicher, die ihm sehr herrlich erschienen sind, und er will die hohe Meinung theilen, die sie von ihrem Kaiser haben."

Die treue Fürsorge für seinen alten Vater, der allzu bereitwillig seinen Kindern zu überlassen pflegte, was ihm persönlich zugedacht war, wird bestätigt durch den beigeschlossenen Brief an den Bruder, der von früher her pecuniäre Verpflichtungen hatte.

37.

Berlin, d. 10. März 1809.

Lieber Bruder,

Ich hoffe, Du wirst es selbst billig finden, wenn ich Dich auffordere, so schleunig, als es Dir irgend möglich ist, an unsern Vater einen der seit 1805. ausgesezten Termine von 50. Rthlr. auszuzahlen. Ich ersehe aus deßen Schreiben, wie das auch ohnedies zu erwarten war, daß derselbe durch den französischen Krieg und die Kriegssteuer in seiner Nahrung sehr zurükgesezt worden; so daß ich selbst aus meinem Beutel einen Vorschuß machen würde, wenn ich nicht durch dreivierteljährige Krankheit und Verdienstlosigkeit selber in eine enge Lage gekommen wäre. — Uebrigens gebe ich Dir es auf Deine eigne Ehrliebe, und Gewißen, daß von der nur zu großen Gutwilligkeit unsers Vaters gegen seine Kinder hier kein Gebrauch gemacht, sondern ihm die Summe wirklich und in der That baar ausgezahlt werde.

Die Pappiere meiner Berechnung mit Dir sind, nebst andern Manuskripten, in Erlangen liegen geblieben, von woher ich sie nicht so schnell haben kann. Ich lade Dich darum ein, so schnell, als möglich mir Deine Berechnung mit mir einzusenden, damit ich Dir über alles abgezahlte eine Generalquittung geben könne. Meinen herzlichsten Gruß an die Deinigen von mir. und den meinigen.

Dein treuer Bruder

Aufschrift: Fichte.

Meinem Bruder
Johann Gottlob Fichte
zu
b. Einschluß. Elstra.

Aus dem folgenden Briefe seiner Gattin, der in wenigen Zügen ein reizendes Familienbild entwirft, erfahren wir, daß Fichte schon im Sommer 1809 mit einigem Erfolg das Bad besucht hatte.

38.

Berlin d: 18: Demb 1809

Theure SchwiegerEltern wir grüßen Sie herzlich, und

wünschen zu wißen wie Sie Sich befinden, und wie's Ihnen geht; mein Mann ist Gottlob gesund, nur ist seine Linkehand, noch so wie Sie sie im Sommer sahn, und das Rechtebein schmerzt auch dann und wann, er wird künftigen Sommer wieder nach Töplitz gehn müßen, um völlig curiert zu werden; da werden wir das Vergnügen haben Sie zu besuchen. Sein Geist ist heiter, so daß er wieder arbeiten kann, und izt Vorlesungen hält, die auch wohl gedruckt werden werden.

Unser Hermann ist Gottlob auch gesund, lernt braf, und grüßt seine lieben GroßEltern herzlich; er hat 4: Th von seinem Taschengeld dieses Jahr erspahrt, um sie seinen GroßEltern schiken zu können, damit Sie sich eine kleine Weinachtsfreude machen, und auch ein gläschen guten Wein zu Ihrer Erquikung trinken, thun Sie das doch ja mit der guten Grosmutter, die wir herzlich grüßen, und gedenken Sie dabei unser.

Gott schenke Ihnen einen gesunden frohen Winter, und laße freudig in's NeueJahr eintreten: das wünscht von ganzem Herzen Ihre Sie aufrichtig liebende

Johanna Fichte

g: Rahn

Zum zweiten Male ging Fichte im Jahre 1810 nach Teplitz und auf der Rückreise besuchte er seinen Geburtsort.

39.

Dresden, d. 7. Jun. 1810.

Mein lieber Vater,

Gestern Abend sind wir hier zu Dresden angekommen,

um übermorgen nach Teplitz, zur völligen Wiederherstellung meiner Gesundheit reisen. Ich bin jezt doch noch zu angegriffen, um die Reise nach Rammenau machen zu können; ich werde aber bei meiner Rükkehr aus den Böhmischen Bädern, etwa im August, ganz gewiß meine lieben Eltern besuchen

Ich bin im ganzen sehr gesund, nur ist der Gebrauch des einen Beins noch schwierig. Meine Frau, und mein Herrmann sind gleichfalls wohl. Wir bitten Sie herzlich, das beiliegende als ein kleines Feyertagsgeschenk anzunehmen. Meine Frau, und mein Sohn grüßen herzlich.

Ihr Sie liebender Sohn
Gottlieb Fichte.

40.

Teplitz, d. 7. August, 1810.

Mein theurer Vater,

Ich werde, wenn alles nach meiner Berechnung geht, künftigen Montag d. 13. Abends mit den meinigen, Sie besuchen; auch d. 14ten noch größtentheils bei Ihnen zuzubringen. Das Nachtlager jedoch werde ich, um Ihnen nicht unangenehme Weitläuftigkeiten, und Zurüstungen zu verursachen, zu Bischofswerda im Gasthofe nehmen

Ich hoffe Sie alle in der besten Gesundheit anzutreffen, und dann mündlich das mehrere. Jezt nimmt meine Frau, die lieber schreibt, denn ich, die Feder.

[Der nächste Satz von Johanna:]

Ich grüße Sie alle von ganzem Herzen, und hoffe Sie

bald zu umarmen, Leben Sie wohl, auf ein glükliches Wiedersehn

Aufschrift:'
Herrn Christian Fichte

Fichte.

zu

Rammenau

p. Bischofswerda.

Noch in demselben Jahre erlitt sein Vater einen Unfall, wobei namentlich auch Johanna sich zärtlich besorgt zeigt. Die im nächsten Briefe und später erwähnte Hannchen war Fichte's Nichte, die er zu sich genommen.

41.

Berlin, d. 1. Dezember. 1810.

Lieber Vater,

Die Nachricht von Ihrem Falle hat mich schmerzlich betrübt, so wie uns Alle. Ich hoffe aber, daß dies, bei Ihrer übrigen Gesundheit von keinen weitern übeln Folgen seyn soll. Um mich desto fester zu versichern, daß Sie sich an Pflege und Heilmittel nichts abgehen laßen, sende ich sogleich jezt das Quartal auf Weyhnachten. Bei uns steht alles beim Alten. Daher übergebe ich meiner Frau die Feder, die schon noch Worte finden wird.

[Von Johanna:]

Ich übernehme die Feder gerne, um Ihnen zu sagen, daß wir sie inständig bitten, sich ja zu schonen, und zu pflegen; die gute Großmutter, die ich auch herzlich grüße, versteht ja das so schön, und thut gewis alles mögliche um

Sie wieder herzustellen. Ich danke Gott daß mein Mann in der Lage ist, Ihnen diese Kleinigkeit schiken zu können; und hoffe auch von der Güte Gottes, daß er Sie erhalte, und daß wir Sie künftigen Sommer fröhlich wiedersehn. Wir sind Gottlob alle gesund, auch Hannchen ist gesund, dann und wann hat sie ein wenig Kopfweh, dann schik ich sie in's Beth, wenn sie genug geschlafen hat, so steht sie wieder gesund auf. Wir grüßen Sie alle von ganzem Herzen, und wünschen bald frohe Nachricht von Ihnen.

Leben Sie wohl! Ihre treue Johanna Fichte g: Rahn

Weit bedenklicher aber erkrankte der alte Vater in der Mitte des Jahres 1812, ohne sich wieder zu erholen. Rührend und erbaulich ist wiederum die christlich ergebene Gesinnung in Johanna's Briefen an den Sterbenden.

42.

Berlin d: 17: July 1812.

Sie stellen sich leicht vor Theurer Guter Greis, mit welcher innigen Wehmuth, wir die Nachricht von Ihrem schweren Krankenlager vernommen haben; Gott stärke Sie, Gott stehe Ihnen bey; und wenn es sein gnädiger Wille ist, so erhalte er Sie uns noch lange; ist es sein Wille nicht, so laße er Sie in Ruh, und Frieden hinüber gehn, ins beßere Vaterland, wo wir Gott näher kommen, und ihn würdiger anbethen, und preisen können, und wo wir uns alle wiederfinden werden; ich freue mich mit inniger Wonne der seligen Zeit, wo auch wir hinnüber gehn werden, um einer nähern, innigern Anschauung, und Anbethung Gottes gewürdigt zu werden. Was die irdischen Angelegenheiten betrift, so wird mein Mann es nicht erlauben, daß der guten Großmutter, das Geringste genommen werde; sondern Sie soll bis am Ende ihres Lebens im Besitz alles deßen bleiben, was Sie hinterlaßen; und weil mein Mann durch den verstorbenen Bruder das Haus gekauft hat, so kämm es ja ihm zu, und er hat ein Recht darüber zu sprechen; auch werden wir der guten Großmutter, wie bis izt, ein bestimmtes an Geld schiken, so daß sie ruhig leben kann; und Sie Guter Großvater sich auch darüber keine Sorge machen, der gütige Gott wird auch sie nicht verlaßen, und wir wollen als rechtschaffne Kinder gewis immer für sie sorgen.

Hermann und Handchen grüßen Sie auch von ganzem Herzen; sie wollen für Sie bethen; und ist es Gottes Wille, so werden Sie sie auch noch auf dieser Welt sehn, sie wachsen beyde, sind stark, gesund, und gute Kinder. Ich hoffe daß Sie die 20: Th. welche im Anfange dieses Monats geschikt wurden nun erhalten haben. Mein Mann hoff ich schreibt auch noch: drum sag ich Ihnen von ganzem Herzen lebe wohl; wo nicht in dieser Welt, so sehn wir uns in der andern wieder. Der gnädige Gott sey mit Ihnen: das ist der innigste Wunsch

Ihrer Johanna Fichte

[Von J. G. Fichte:]

Ich hoffe, mein theurer Vater, daß Sie Sich noch wieder erholen, und noch bei uns bleiben werden, und ich

Sie noch sehen werde. Ich kann mich mit dem Gedanken Ihres möglichen Verlustes nicht vertraut machen.

Was meine Frau in dem vorstehenden schreibt, ist auf die Voraussetzung gegründet, daß, im Falle des Abgangs des Vaters mit Tode, die Geschwister sollten theilen wollen. Ich hoffe, dies fällt keinem Menschen ein. Ich denke wohl, es versteht sich von selbst, daß, da alles von der Mutter herkommt, sie alles, was da ist, fortgenießt, bis an das, Gott gebe noch recht lang entfernte, Ende ihres Lebens. Außer dem hätte wohl auch ich in diesem Falle ein Wort mit zu sprechen.

Ich ersuche darum durch dieses die Mutter dringend, nichts von der Verlassenschaft wegbringen zu lassen; ich mache Bruder Gottlob, der mir schreibt, er werde ohne meine Einwilligung nichts thun, ganz besonders darüber verantwortlich. Ich will überhaupt aus brüderlicher Liebe und Achtung hoffen, daß diese Vorstellungen ganz überflüßig sind, indem es gar niemanden eingefallen anders zu handeln.

Fichte

Falls doch Gott über Sie beschließen sollte, theurer Vater, diese Zeilen aber Sie noch bei Leben antreffen, so nehme ich hierdurch mit der Liebe und Verehrung, die ich immer für Sie getragen habe, Abschied, bis zum Wiedersehen in einer beßern Welt. F.

[Ein beigelegtes Blatt:]

Wir wußten nicht aus den vorigen Briefen, daß auch die gute Großmutter krank ist, sondern erfahren's erst izt, durch Ihren letzten Brief, guter Großvater; Sie können Sich unsern Schmerz vorstellen, Sie nun beyde leidend zu

wißen; wir hoffen doch daß Sie jemand bey Sich haben,
der Sie wartet und pflegt; wie gerne wollten wir es thun,
wenn wir bey Ihnen wären: der gütige Gott steh Ihnen
bey, und das wird er thun, das ist mein, und unser aller,
einziger Trost; meines Mannes Beruf Vorlesungen zu halten, meiner zur Wirthschaft, und Einquartierung, zu sehn,
und zu dierigen [dirigiren]; Hermanns seiner Vorlesungen
zu hören, Handchen ihre Hausgeschäfte zu thun, dieses alles
bindet uns bis im Herbst am Hause; vom 15: August hören die Vorlesungen auf, dann soll mein Mann 4: Wochen
im Hause Baaden, so spricht der Doctor, so geht noch eine
lange Zeit hin, vielleicht erholen Sie Sich mit Gottes
Hilfe wieder, wie wir sehnlichst wünschen.

Es ist Ihnen vielleicht eine Herzensangelegenheit Handchen, etwas zu vermachen; so haben Sie nur die Güte es
uns zu schreiben, oder schriftlich Ihren Willen dem Prediger
zu übergeben; ich sage dieses nur, damit doch gewis Ihre
Herzenswünsche erfüllt werden. Dieses blätchen leg ich noch
bey, nadem der Brief schon geschrieben war, eh wir Ihren
letzten erhielten. Der Gnädige Gütige Gott sey mit Ihnen;
in einer beßern Welt finden wir uns wieder wo alle Sorge,
und Müh ein Ende hat.

[Von Johanna's Hand:]

Hier schiken wir Ihnen noch 10: Th: damit Sie Sich
ja pflegen können.

Aufschrift von Johanna F.:

Herrn Christian Fichte
Nebst ein Päkchen mit   in
10: Th: Sächsisch   Rammenau bey Bischoffswerda.

43.

Berlin d: 10: August 1812

Wollte Gott, theurer, innigst geliebter Grosvater, wir könnten etwas zur Erleichterung Ihrer vielen Leiden beytragen; ach laßen Sie uns doch schreiben wie es Ihnen geht; die weite Entfernung von Ihnen, ist uns izt besonders drükkend, da wir so gerne zu Ihnen eilten, und wenns möglich wäre Ihnen hälfen; die Hülfe steht allein bey Gott, mög er sich doch erbarmen und Ihnen helfen; das ist unser innigstes Gebeth. Mein Mann grüßt Sie auch von ganzem Herzen, er ist Gott sey Dank gesund, so wie auch Hermann und Hannchen; alle verlangen auf glükliche Nachricht von Ihnen.

Diesen Brief überbringt Ihnen Herr Eysener, den ich bitten werde uns zu schreiben, wie es Ihnen geht.

Gottes Güte ist groß, vielleicht hilft er Ihnen bald, und denn sehn wir uns in diesem Leben noch wieder, wo nicht, in einer beßern Welt, wo kein Leiden, kein Schmerz mehr trennt, wo wir Gott inniger anbethen können.

Leben Sie wohl, theurer geliebter Greis; Gottes Gnade sey mit Ihnen.

Von ganzen Herzen

Ihre Johanna Fichte:

g: Rahn

Aufschrift:

Herrn Fichte

durch Güte.

Den am 13. September erfolgten Tod des am 7. August 1737 gebornen, also über 75 Jahre alten Vaters meldet ein Brief Gottlob's, dessen Schluß fehlt. —

44.

Elstra, d. 14. Sept. 12.

Lieber Bruder

Unser guter Vater hat nun alle seine Leiden überstanden, er beschloß sein Leben gestern Abends halb 7 Uhr. Seine Krankheit war sehr hart, die Angst und Schmerz Gefühle verfolgten ihn bis an die letzte Minute des Todtes, er mußte alle schmerzhafte Zufälle empfinden, welche der Gewöhnliche Gang der Geschwulst mit sich bringt; noch 4 Tage vor seinem Ende zeigte sich durch Blut und Materie Auswurf, daß er ein LungenGeschwüre gehabt hatte, welche den sehr schweren und kurzen Athem (von welchen ich Dir schon geschrieben) verursacht hatte; denn außer diesen würde er diese Angst nicht empfunden haben. Zu Deiner und der Deinigen Beruhigung muß ich Dich damit trösten, daß wir zu seiner Erquikung und Erleichterung alle nur mögliche Mühe angewendet und keine Kosten gesparet haben, wir haben D. Bentsche in Bischofswerda, den in unserer Gegend berühmtesten Arzt gebraucht, der hat ihn von Zeit zu Zeit selbst besuchet und ihn unter der Menge seiner übrigen Patienten am vorzüglichsten behandelt. Ich habe seit 6 Wochen, anfänglich die mehresten Nächte, späterhin die mehresten Tage und Nächte und seit 8 Tagen alle Tage und Nächte bei ihm zugebracht, und Verrichtungen wo nur Liebe und Pflicht Gefühl allen Ekel unterdrücken müssen welches man umfonst von fremden Leuten verlangen würde (das heißt bey uns zu Lande) selbst übernommen.

Auch Schwester Hanne hat sich seiner die letzten 8 Tage und Nächte treulich angenommen, sie hat ihn helfen pflegen, tragen, heben bey seinen sehr starken Durchfall ihn zu jeder Minute Reinlichkeit verschaffen helfen, die Aufgesprungenen geschwollenen Glieder geschmiert und Umschläge gemacht, dem Waßer welches durch den geschwollenen Weg von selbst nicht mehr ging geholfen, und alle mögliche Verrichtungen zu seiner Linderung übernommen.

Verzeihe mir diese Gründliche Erzählung, es geschieht aus keiner neben Absicht, es fühle bloß an mir selbst, daß einen Kinde Deiner Art mit dieser Ausführlichkeit gedienet seyn muß.

Den 16. d. zu Mittage in der 2 Stunde wird sein erblaßter Körper zur Ruhe befördert, nach hiesiger Landes-sitte mit Predigt und Paredation, zum Leichentext habe ich gewählet: Mache dich auf, werde Licht, den dein Licht kommt, und die Herrlichkeit des Herrn ist über Dir, Dieser scheint mir auf des seel. Vaters denkenten forschenten Geist mehr zu paßen alle sonst gewöhnliche, und ich glaube den H. Pfarre damit volle Arbeit zu geben.

Der H. Pfarr hat sich des seel. Vaters treulich angenommen, ihn fleißig besuchet und mit Trostgründen aus der Religion welche vernünftig und den Kenntnißen des Vaters angemeßen waren, unterstüzt. Wer durch diese Veränderung am meisten verlohren hat, ist = die gute alte Mutter, sie hatt ihren besten Freund, ihren Begleiter im Alter verlohren, das tröstet und richtet sie noch etwas auf, daß Du und Deine liebe Frau ihr kräftigen Beystand versprochen habet, was meine Lage und Kräffte thun können, werde ich auch thun, daran zweifelst Du gewiß nicht. Nur ist heute mein Kopf zu sehr voll, und kan vor heute nicht die vernünftigsten und tauglichsten Pläne, was mit den Hauße werden soll, und wie die Ernährung der Mutter am zwekmäßigsten bestimmt werden kann, in Vorschlag bringen. Die bisherige Einrichtung kan nicht fortgesezt werden, die Mutter würde, ohne daß sie Ruhe und Glük genießen könte, dabey sehr viel zusetzen. Kosten vor Holz und Licht, allerhand Abgaben, Zechen und Dienste, Einquartirung und dergl. sind Dinge welche jährlich eine sehr große Summe erfordern, und welche die Mutter mit ihren KramLaden, zu welchen sie ohnedies ihr Alter und schweres Gehör von Zeit zu Zeit immer unfähiger macht nicht erwerben kan. Ich spüre das C......... glaubet, oder wenn ich mich in sein Selbst denken will, träumet Besitzer zu werden, den KramLaden zu übernehmen, und freilich auf solche Art der Mutter die gleich erzählten Beschwerden abnehmen will, mit den gröften Leidwesen sehe ich aber, das C......... einen siechen Körper und einen schwachen Geist besizt, und auch die Frau unthätig und ungeschikt ist, er besizt ein kleines Vermögen, und wir wollen doch seine Pläne, da er doch unser Bruder ist anhören, doch versteht sich, das wir zu seinen (weil er sich selbst nicht kennt oder kennen will) oder unsern Schaden nicht übereilt zu Werke gehen können, Doch können wir diese Veränderung auch nicht ganz in die Länge hinaus verschleben. Ich werde Dir mit Hr. Eißnern wieder schreiben und Deinen Herrmann und Hannen etliche Stük alte Silber Münzen welche der seel. Vater ihnen als ein Andenken zu schiken befohlen hat einsiegeln.

Der hier erwähnte Pfarrer war M. Christian Gottlieb Köthe. — Nun war's an unserem Fichte, für seine Mutter zu sorgeu und sie vor etwaigen Benachtheiligungen zu schützen; und er erfüllte im Sinne eines treuen Sohnes diese Pflicht mit seiner gewohnten Nachdrücklichkeit. Vergl. oben die Auseinandersetzung zum 12. Briefe.

45.

Berlin, d. 19. 8br. 12.

Lieber Bruder,

Weit entfernt, daß Dein so eben erhaltener Brief v. 6. Oktober mich befremden sollte, hebt er vielmehr einen Anstoß, den ich an Deinem frühern genommen, wo Du die Schwierigkeiten für die Mutter, die Wirthschaft zu behaupten, aus einander setzest, und dafür hältst, dieser C......... könne doch etwa Vorschläge machen, auf die zu hören sey. Es ist mir sehr lieb, daß ich mit der Beantwortung dieses Punctes gewartet, bis Dein heutiger Brief zeigt, daß Du über dieses Subjekt — es ist mir schon früher vorgekommen, als ob Du ihn ungerechter Weise in Schutz nähmest — ganz so denkst, wie ich seit der Zeit von ihm gedacht habe, da ich schon an ihm als kleinen Knaben Proben einer unbegreiflichen Bosheit gefunden habe.

Weiß denn der thörigte nicht, daß, wenn alles andere wegfällt, ich 1.) das Kaufgeld, womit der seel. Gotthelf das Haus vom Vater erkauft, hergegeben, und daß mir dasselbe, nachdem durch des Bruders Tod der Vater wieder Eigenthümer geworden, nie zurückgezahlt worden, 2.) daß, als die Schwägerin sich zu Rammenau aufhielt, von meinem in der Gotthelfischen Verlassenschaft befindlichen Gelde in dem Hause gebauet worden, worüber ich noch eigenhändige Rechnung des Vaters besitze 3.) daß mehreres unter den Mobilien mein ist 4.) daß ich in den lezten 2 Jahren den Eltern über 200 Rthr. geschikt, welche ich, sobald man mich reizt, als ein Darlehn betrachten werde. Begreift er nicht, daß alle diese Summen aus der Verlassenschaft erst an mich zurükgezahlt werden müssen, ehe eine Erbschaft da ist: und kann er nicht berechnen, was in diesem Falle übrig bleiben werde? — Verstehe mich wohl Bruder. Es fällt mir nicht ein, diese Umstände gegen meine übrigen Geschwister geltend zu machen, wenn sie sich ordentlich und vernünftig betragen, und durch Unvernunft meinen Unwillen nicht reizen. Es ist wohl klar, daß ich mit einem Häuschen in Rammenau nichts anzufangen weiß, und daß alle die Gegenstände, die etwa in dieser Erbschaft vorkommen könnten, mir nicht des Holens werth sind. Aber das will ich, daß man die Mutter bis an ihr Ende ruhig genießen laße, was entweder das ihrige ist, oder das meinige. Nach ihrem, Gott gebe noch lang entfernten Tode, wird sich schon alles finden.

Um der Sache kurz und gut ein Ende zu machen, geht zugleich mit diesem Briefe an Dich ein Schreiben an den Herrn Rittmeister von Kleist, in welchem ich ihm die Sache vorlege, und ihn um Schutz für meine Mutter, und um Bezähmung des schlechten Burschen bitte.

Die Mutter wird sich meiner oben erwähnten Ansprüche wohl erinnern. Ich berufe in diesem Schreiben an Kleist mich um der Kürze willen auf ihr Zeugniß, ohnerachtet ich alle diese Umstände auch durch schriftliche Documente erweisen kann. Ich bitte sie, daß sie befragt dieses Zeugniß, das zu ihrem eignen Besten dient, ablege.

Es ist mir noch ein andrer Gedanke gekommen, wie für die Mutter am besten gesorgt werden könnte. Es muß aber erst in dieser Sache Ordnung seyn, ehe ich darüber eine Aeußerung machen kann. Ich ersuche Dich darum, mir nach Endigung der Sache wieder zu schreiben.

. . . .

So viel über diese unangenehmen Dinge. Jezt zu etwas das Herz näher angehenden. Schreibe mir doch, so viel Du kannst, von den lezten Stunden unsres verehrten treflichen Vaters; auch von dem Leichenbegängnisse, von der Predigt, deren sehr gut gewählten Text Du mir überschriebest.

Lebe recht wohl. Die meinigen grüßen (die meinigen, sage ich; und dazu zähle ich auch recht sehr Hannchen, als ein Vermächtniß des herrlichen Vaters.)

Grüße herzlich die Deinigen von uns.

Dein treuer Bruder
J. G. Fichte.

Aufschrift:
    Herrn Gottlob Fichte,
Bürger
zu
d. Einschluß.   Elstra

In diesem und in dem 48. Briefe wird Rittmeister von Kleist, (vgl. den 9. Brief) als Gutsherr von Rammenau erwähnt. Die Sache hängt so zusammen: Des oben, zum 2. Briefe, erwähnten Johann Albericus Sohn Johann Centurius Reichsgraf von Hoffmannsegg verkaufte das Gut an seinen Schwager Friedrich von Kleist, königl. sächs. Kreisdirector in Querfurth und Dahme, so wie königl. preuß. Rittmeister und Ritter des Malteser- oder St. Johannisorden, welcher es von 1795 an bis zu seinem am 9. Febr. 1820 erfolgten Tode besaß. Sodann fiel es wieder an den früheren Besitzer Johann Centurius v. H. zurück, dessen Sohn Conrabin Centurius Graf von Hoffmannsegg der jetzige Besitzer ist.

Die Drangsale des nun ausbrechenden großen Krieges spiegeln sich auch in dem engen Rahmen der Leiden, die er Fichte's Mutter brachte.

46.

Elstra, d. 30. Octbr. 1813.

Mein lieber Bruder,

Unsere liebe Mutter wollte schon längst Dir und den Deinigen ihr Befinden zu wißen thun leider aber gehen die Posten noch nicht dahin; ich bediene mich der Gelegenheit diesen Brief mit einen Bekanten welcher nach Frankfurth zur Meße reiset zu geben. Ich hoffe daß unser Bruder in Finsterwalde doch endlich wird Gelegenheit gefunden haben meinen Brief, vom 19. July, (worinnen Dir unsere Mutter den Empfang von 20 Rthr. von den Studenten Ritschel bescheinigte) zu übersenden.

Unsere gute Mutter hat durch den Krieg diesen Sommer durch wieder viel gelitten so wohl an ihrer Gesundheit als an ihrem Vermögen, sie hatt viel Einquartirung gehabt und durch Plünderung ist ihr vieles entwendet worden.

Den 14 Sept. befürchteten die Rammenauer ihren Untergang durch Kanonenfeuer, die Mutter wurde mit im Busch zu gehen veranlaßte, wo sie bey kalter und naßer Witterung bis zum 17. aushalten muste, doch wurde ihr noch nicht gerathen ihr Hauß zu bewohnen, sondern sie muste sich in einem Haußße nicht weit vom Walde aufhalten. Diese Zeit über war alle Communication unterbrochen, den 21., da die Franzosen Rammenau räumten, und unsere gantze Gegend von Rußen überschwemmet war, nahm ich mir vor sie aufzusuchen, und fand sie in diesen Hause; da ich urtheilen konnte daß sie von Marobörs in Rammenau weit mehr beunruhigt würde als in Elstra, (den sie hatte sogar im Busche und auch in diesem Haußße keine Lebensmittel vorm Plündern erhalten können) so that ich ihr den Vorschlag sie zu mir zu nehmen, allein zum Transport waren weder Menschen noch Vieh zu haben, ich bediente mich also des Schubkarrens. Ihre Gesundheit war durch Furcht, Unordnung, entbehrung ihrer gewohnten Lebensmittel zerrüttet, ich glaubte gewiß daß sie sich beßern würde, doch hatt sich ihre Gesundheit bis jezt noch nicht wieder eingefunden, sie ist schwach und matt, und was der Hauptfehler ist, sie kan fast gar nichts genießen, der Magen nimmt nichts an keine Poteille Wein ist in unsrer gantzen Gegend nicht mehr zu haben, alle Vorräthe sind ruinirt und verwüstet, keine Zufuhre ist nicht möglich.

Den 24. Octbr ist sie, mit einer Gelegenheitsfuhre zu Haußße gefahren, denn es ist etwas ruhiger geworden, die Salvegarden halten die herumstreifeten Kosaken im Zaume. Das Hauß unserer Mutter ist zum Glük nicht so total runirt als sehr viele andere, (zwei oder 3 Fenster sind eingeschlagen,) viele Häuser in Rammenau sind gantz unbewohnbar gemacht geworden; viele Ortschaften sind, ohne das sie weg gebrannt sind, gantz runirt, da giebt es Bauern, besonders an der Straße von Bautzen nach Dresden, die kein Brodt, keinen Saamen, kein Vieh, kein Geschirre gar nichts, alle kranke Körper haben, z. B. vom 16. bis 28 May, sind bloß im Bauzner und Görlitzer Kreyse 71 Dörfer in Asche gelegt worden, das Unglük hatt aber seit dieser Zeit täglich continuirt

Unsere liebe Mutter läßet Dich, Deine liebe Frau Deinen lieben Herrmann und Hannen von Hertzen grüßen und wünschet daß diese Krieges Uebel von Euch entfernt bleiben mögen, auch grüße Diese alle von mir und den Meinigen hertzlich.

Lebe gesund mit den Deinigen. Ich bin
Dein treuer Bruder.
J. G. F.

Auch von der alternden Mutter ist uns ein Brief aufbehalten, mit sicherer Hand in regelmäßigen Zügen geschrieben.

47.

d. 2. Decbr. 1813.

Innig geliebte Tochter,

Ich habe sogleich Ihr werthes Schreiben vom 20 Nov. mit inl. zwey Stük Louisdor richtig erhalten, ich danke Ihnen von Hertzen; nicht mit Gleichgültigkeit, sondern mit inniger Rührung, mit Gebeth und Dank zu Gott erkenne ich die göttliche Wohlthat daß mir die Vorsehung so eine gute Seele zur Tochter gegeben hat. Ich fühle und bedaure, daß Sie mich nicht blos mit Entbehrlichkeit unterstützen, sondern, da ich den Druk der Zeit, und die vielen Aufopferungen kenne, und den sichern Schluß machen kan, daß auch mein lieber Sohn in seinem Erwerb beträchtlich zurük gesezt ist, so kan ich einsehen, daß Sie, aus Liebe zu mir, manches entbehren werden.

Ihre guten Nachrichten, daß Sie Gott, bey den überhandnehmenden Krankheiten gesund erhalten, und daß Sie ihren lieben Sohn bey sich haben, freuet und tröstet mich.

Meine Gesundheitsumstände haben sich nicht gebeßert, meine Kräffte nehmen allmählich ab, ich spüre daß ich seit etlichen Wochen viel schwächer geworden, auch finden sich von Zeit zu Zeit, immer mehr unangenehme körperliche Empfindungen, ich liege nicht beständig ich mache mir Bewegung, ich habe einen Stuhl im Gange vor welchen ich zubereite, bey dieser Lebensart bleiben meine Glieder und mein Blut in wohlthätigerer Bewegung, den Kram habe ich abgegeben, indem mein Körper darzu nicht mehr fähig ist (und daß besonders bey kalter Jahreszeit.) Nur bedaure ich, wenn ich nach Gottes Willen noch eine Zeit lang leben soll, daß mein Magen so sehr schwach ist, ich kan fast gar nichts genießen, mich damit zu stärken und zu erquiken. Die gewaltthätigen kriegerischen Eräugniße, welche sehr schädlich auf meine schwachen Geisteskräfte wirkten, haben sich, (Gott sey es Dank) vermindert, ich habe just heute, einen Rußen, zum Glük einen gesitteten, zur Einquartirung.

Bei allen Unangenehmen was mich dieses Jahr betroffen

hat ist mir immer sehr bange um Sie und die Ihrigen gewesen, und habe zu Gott um Ihre Erhaltung geseufzet. Ich freue mich, und danke es Gott von Herzen, daß er größeres Unglük in Gnaden von uns abgewendet hat.

Da es die Zeit nicht gestattet daß Harrtmanns ihrer Tochter Nachricht mit beylegen könnten, so sagen Sie Hannchen zu ihrem Troste folgendes:

1) Ihre Wohnuug stehet noch unversehrt, ob es schon in Pulßnitz fürchterlich zugieng (die Stadt wurde sieben mahl genommen und wiedergenommen) so brach doch kein Feuer aus.

2) Wegen der Plünderungen hatten sie Schuz, sie musten vor Militair baken und hatten Salvegarden im Hause, dabey gieng es drum nicht so genau ab, es ward ihnen noch manches genommen und die Umzäunung des Gartens ward im Bibiak verbrandt.

3) Ihr Bruder ist in seinen Lernen sehr gestört worden, er hat in Dresden bei der Blokade müßen Hunger leiden, ist alsdenn eine Zeit bey seinen Aeltern gewesen, und ist jezo wieder in Dresden.

4) Die Epidemie hatt sie noch nicht ergriffen, vor wenigen Tagen war die ganze Familie noch gesund.

5) Dore bey ihren Aeltern.

Gott nehme Sie alle in seinen Schuz, vielleicht erlebe ich noch die Freude daß Sie mich vor meinem Ende künftiges Früjahr noch einmal besuchen

Ihre treue liebende Mutter

Maria Dorothea verwittwete Fichte

Die ganze Reihenfolge der Briefe schließt, nach dem Hinscheiden der greisen Mutter und dem bald darauf, am 27. Januar 1814, erfolgten Tode des rüstigen Sohnes, mit einem Briefe des Bruders an die hinterlassene Wittwe.

48.

Elstra, d. 11 Febr. 1814.

Theuerste Frau Schwägerin

Ich kan Ihnen das, was ich und die Meinigen über den Tobt meines lieben Bruders, (der nicht blos ein Großer, sondern auch ein Nachahmungswürdiger guter Mann war,) empfinde, mit Worten nicht schildern, und Niemand wird wohl die unheilbaren Wunden, welche Ihnen die Vorsehung geschlagen hat, mehr fühlen als ich, doch der Trostspruch eines Hiobs im Unglük kan mich und Sie aufrichten und erhalten. Gott wird Ihnen beistehen; Ihr Verlust ist zwar auf dieser Welt nicht zu ersetzen, doch wird Sie und Ihren Sohn die gerechte Preußische Regierung, welche unsern Verewigten Freund schäzte, nicht verlaßen.

Ihren gerechten Anspruch, welchen Sie an der Maße der Verlaßenschaft unserer seel. Eltern machen, und welcher sich laut Ihres werthen Schreibens vom 1 Febr. auf Einhundert Thaler beläuft wird Ihnen von meinem Geschwister nicht erschwert oder verkürzet werden.

Gerichtskosten wird die Herrschaft viel machen, sie hat vorjetzo alles im Beschlag genommen, und wird uns die Freiheit nicht wieder geben, daß wir vor uns verkaufen und unter einander theilen können; dieses Recht kam der Herrschaft zu, und sie hat dieses vor ganz nothwendig glauben müßen, weil wir Geschwister in aller Welt zerstreut sind, und über dieses wird sie Ansprüche an zwei Brüdern machen, welche Kraft ihrer Lehr Briefe und Kundschaften ihr Unterkommen finden konnten, ohne sich von der Erbunterthänigkeit los zu kaufen; und wenn die Herrschaft alle nur möglich zu machende Kosten abgezogen hat so macht sie noch 5 pr. C. Abzug von der Maße. Häuser zu verkaufen ist jezt ein sehr ungünstiger Zeitpunkt, und das Haus auf beßere Zeiten aufzubehalten ist nicht rathsam, die gar nicht zu berechneten Kriegsunkosten, und die Reparaturen, welche der Krieg verursacht hat, (die Gartenzäumung ist gantz verbrannt worden, und eine bedeutente Haußrepratur giebt es auch) würden, uns in diesen Falle einen beträchtlichen Theil von den daraus gelößten Gelde rauben.

In Rücksicht Ihrer Anforderung glaube ich bestimmt daß dieses, das beste Mittel wäre, wenn Sie Ihre Forderung von der Obrigkeit unter welcher sie stehen authorisiren liesen, und an den H. v. Kleist, als Erb-Lehn- und Gerichts-Herr auf Rammenau übersendeten, nur wünschte ich wenn Sie mir eine Abschrift davon übersendeten, ich werde mir es zur heiligsten Pflicht machen diese Ansprüche zu unterstützen und sollte, wie ich nicht glauben will, der H. v. Kleist auch pr. C. von den Ihrigen abziehen, so würde ich wenn ich es nicht hintertreiben könnte, solches auf die Maße wenden.

Ich empfehle Sie mit Ihren lieben Sohne den Schutze Gottes und bethe daß Gott ferneres Unglük in Gnaden von Ihnen abwenden möge und Sie gesund und bei dem Leben erhalten, damit Sie vorjetzo eine Stütze Ihres lieben

Sohne seyn mögen, welcher in etlichen Jahren zuverläßig Ihre Stütze werden wird.

Meine Frau und Tochter welche äuserst betrübt über Ihr Unglük sind, laßen Sie von Herzen grüßen.

Ihr getreuer Freund
J. Gottl. F.

So scheiden wir denn von dem großen Manne, den wir von dem Anfange seiner Laufbahn bis zu seinem Ende in den verschiedenartigen Beziehungen zu seiner Familie begleitet und auch von dieser Seite neu lieben gelernt haben, wir scheiden von seinem guten, milden Vater, von seiner wackeren Mutter — den Vollendeten; wir scheiden auch von Denen, deren Lebensgang wir nur zum Theil in die Sonnenbahn jenes leuchtenden Genius hereintreten sehen, von seinen ihm theils ähnlichen, theils unähnlichen Geschwistern; wir scheiden endlich auch von dem Charakter, der nach ihm selbst uns am innigsten anzieht, von seiner edlen Gattin, die ihn um fünf Jahre überlebte, aufgehend in der Liebe zu ihrem Sohne, dem würdigen Erben seines Namens, in dem Geist und Seele des Vaters und der Mutter sich verschmolzen haben.